新選明文東洋古典大系

新完譯

孝 經

金學主 譯著

明文堂

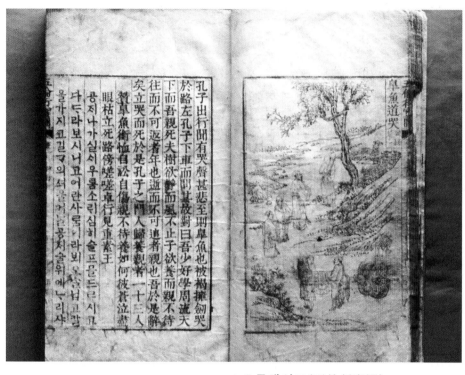

▲**오륜행실도**(五倫行實圖)

▶**공문십철**(孔門十哲)
2천명이 넘는 공자의 제자들 가운데 특별히 그 학덕이 높은 10명의 제자들. 안회(顔回)·민자건(閔子騫)·염백우(冉伯牛)·중궁(仲弓: 이상은 德行), 재여(宰予)·자공(子貢: 이상은 言語), 염유(冉有)·계로(季路: 이상은 政治), 자유(子游)·자하(子夏: 이상은 文學). 당(唐) 오도자(吳道子)가 그린 것이다. 공자는 '나의 뜻은 《춘추(春秋)》에 표현되어 있고, 행실은 《효경(孝經)》에 표현되어 있다'고 말하였다.

▲**공자문례비**(孔子問禮碑) 공자는 노자를 찾아가 예(禮)에 대하여 물었다고 한다. 하남성 낙양(洛陽) 소재.

▲효경대의「孝經大義」
董鼎(宋) 註, 朱熹(宋) 刊誤. 木版本.
英祖 13(1737)年 (內賜)刊.

孝經大義跋

聖人作六經以詔天下後世其於道德性命
之說備矣然而於孝特加詳焉至別爲一經
者何耶蓋百行非孝不立萬善非孝不行所
謂天之經也地之義也民之彛也自天子以
至庶人誠不可一日而不講也隋志曰孔子
既叙六經題目不同指意差別恐斯道離散
故作孝經以總會之明其枝流雖分本萌於
孝其說是巳於此盡心焉則六經之道擧在
是矣秦火旣熄遺經間出壁書與今文雜行

▶**증자**(曾子)
공자의 제자로 이름은 삼(參), 자는 자여(子輿)이다. 제1장 개종명의(開宗明義) 장은 공자와 증자의 대화로 시작되고 있다.

▲금상감난서동관(金象嵌鸞書銅
罐) 제사용 술 항아리. 중국역사
박물관 소장.

▲**당현종**(唐玄宗) 당나라 제6대 황제. 685~762. 서기
712년 즉위한 후에 혼란스러웠던 국정(國政)을 수습
하여 개원지치(開元之治)의 태평성대를 이루었다.
《효경》서(序)를 썼다.

▲**궤**(왼쪽)**와 청동제종**(靑銅製鐘:오른쪽) 궤는 찐 곡물을 바칠 때 쓰는 그
릇이고, 종은 조상의 제사 때 사용했던 악기인데, 종에는 자손이 복을 비는
내용의 글이 새겨져 있다.

책머리에

〈효〉는 본시 봉건시대 유가 윤리의 중심을 이루어 온 덕목(德目)이다. 특히 한(漢)나라 무제(武帝)가 오경박사(五經博士)를 두고 유학(儒學)을 봉건통치의 기본 이념으로 확립시킨 이후로 2천년의 중국 봉건전제는 유학이 그 뒷받침이 되어 왔다. 그런데 유학의 중심을 이루는 것은 윤리사상이라고 할 수 있고, 또 그 윤리사상의 기반이 되는 것은 〈효〉 사상이라고 할 수 있다. 유가에서는 부모와 자식 사이의 절대적인 관계를 잘 유지하여 그것을 밖으로 확충시켜, 임금과 신하 사이・어른과 젊은이 사이・친구들 사이 등 모든 인간관계에 적용시키려 했던 것이다.

곧 〈효〉를 바탕으로 하여 〈충〉・〈의(義)〉・〈신(信)〉 등의 윤리를 발전시켰던 것이다. 따라서 중국 전통사회의 특징과 유학의 성격을 올바로 이해하기 위하여 〈효〉의 전통적인 개념에 대한 이해가 선행되어야 할 것으로 믿는다.

〈효〉에 관한 유가사상을 집약해 놓은 책이 《효경》이다. 《효경》은 누구에 의하여 언제 씌어진 것인지 확실치 않다. 그러나 "효라는 것은 하늘의 법도이고, 땅의 의리(義理)이며, 사람들의 행실인 것이다.(夫孝는, 天之經也요, 地之義也며, 民之行也니라. -제7장 三才)"라고 하면서 〈효〉라는 윤리를 사람들의 절대적인 규범으로 내세우고 있는 것을 보면, 한대에 와서 〈충〉의 사상과 함께 〈효〉의 개념이 절대적인 것으로 경직화(硬直化)된 한대의 유학 경향을 드러내고 있는 것이라고 보아야 할 것이다. 공자는 부모와 자식 사이의 끊을 수 없는 자연스러운 정을 바탕으로 〈효〉를 설교하였다. 그러나 《효경》에서는 사람에게는 〈효〉라는 윤리가 있기 때문에 하늘과 땅 사이에 어울려 삼재(三才)라 부르는 극히 중요한 존재가 되었다는 것이다.

송(宋)대에 신유학(新儒學)이 발전하면서 윤리학은 더욱 중요한 유학의 중심사상으로 자리를 굳힌다. 따라서 〈효〉의 사상은 〈충〉의 사상과 함께 더욱 경직되면서 윤리학의 기반으로 발전한다. 그러므로 〈효〉 사상에 대한 이해는 한대 유학의 변화로부터 시작하여 송대 신유학 발전 이후의 중국 학술사의 이해와도 직결되는 문제라고까지 말할 수 있을 것이다. 이런 뜻에서 일반 사람들의 〈효〉에 대한 올바른 이해를 돕고자 《효경》 번역에 손을 대게 되었다.

다만 《효경》 번역에 있어서 가장 문제가 되었던 것은 그 판본의 선택이었다. 우리나라에서는 조선시대로부터 원(元)나라 동정(董鼎)의 주(注)가 달려있는 《효경대의(孝經大義)》만이 주로 읽혀 왔으므로 그 영향은 매우 크다. 그러나 이 책의 경문(經文)은 주희(朱熹, 1130~1200)가 자기 뜻에 따라 내용을 〈경(經)〉 1장과 〈전(傳)〉 14장으로 개편한 《효경간오(孝經刊誤)》를 근거로 한 것이어서 《효경》 본래의 모습이 아닌 것이다.

한편 중국에 있어서의 전통적인 《효경》 판본은 십삼경주소(十三經注疏)에 들어있는 《효경정의(孝經正義)》이다. 이것은 당(唐) 현종(玄宗, 713~755년 재위)이 주(注)를 달고 송(宋) 형병(邢昺)이 다시 그 위에 소(疏)를 쓴 도합 18장으로 이루어진 책이다. 다행히 이들 두 판본 사이에 내용상으로는 크게 다른 곳이 없다. 다만 중국의 〈효〉에 대한 올바른 개념을 이해하기 위하여는 전통적인 판본을 읽는 것이 올바른 길이라 여겨져 《효경정의》를 번역의 텍스트로 삼았다.

이 책은 1985년 《충경(忠經)》과 함께 번역하여 명문당에서 합본으로 발행하였던 것이다. 〈효〉와 함께 중국 봉건윤리의 바탕을 이루어 온 〈충〉의 개념을 일반 독자들에게 알리고자 하는 뜻에서 번역 소개하였다. 그런

데 《충경》은 동한(東漢)의 마융(馬融, 79~166)이 18
장으로 이루어진 고본(古本) 《효경》의 형식과 내용을
본떠서 역시 18장으로 지었다는 것이다. 이들 두 가
지 책을 함께 읽고 비교하기에 편리하도록 하려는 뜻
도 《효경정의》본을 번역 텍스트로 삼은 까닭의 하나
이다.

　그러나 이전의 번역은 번역한 지도 오래되어 보충
수정할 곳도 생겼고, 또 완전히 서로 다른 책을 합본한
것도 좋지 않다고 여겨져, 이전의 번역본에 수정 보충
을 가한 뒤 이를 따로 떼어 단행본으로 간행하게 되었
다. 어려운 우리나라 출판계 여건에도 불구하고 양서
출판을 사명으로 알고 노력을 다하는 명문당 김동구
사장에게 이 자리를 빌어 경의를 표한다.

2005년 10월 31일

역자　김 학 주

일러두기

■ 번역의 대본으로는 십삼경주소(十三經注疏)에 든 당(唐) 현종(玄宗) 주, 송(宋) 형병(邢昺) 소(疏)의 《효경정의 (孝經正義)》를 사용하고, 기타 판본을 참조하였다.

■ 번역은 장별(章別)로 하고, 평이한 현대어를 사용하되 되도록 원문의 어순(語順)을 따르도록 노력하였다.

■ 원문에는 현대식 표점(標點)을 찍은 이외에, 되도록 현 대화시킨 현토와 독자들의 편의를 위하여 독음을 달 았다.

■ 원문 이외에 송(宋) 형병(邢昺) 등의 《효경주소(孝經注 疏)》 서문과 당(唐) 현종(玄宗)의 《어주(御注)》 서문을 번역하여 원문과 함께 붙여 놓음으로써, 이 책들의 저작 동기와 간행 의의 등을 알게 하였다.

■ 본래의 장명(章名) 아래 다시 현대적 제목을 붙여 놓음 으로써 각 장의 대의(大義)를 짐작할 수 있도록 하였다.

■ 주(註)는 본문까지 아울러 읽는 분을 위해서 달았으며, 되도록 간결히 설명하되 필요한 경우에만 그 전거(典據) 를 표시하였다.

■ 각 장의 끝머리에 있는 해의는 그 장의 대의(大義)를 요약하는 한편, 본문에서 생략하고 있는 뜻을 밝히는 데 노력하였다.

■ 부록으로 '사서(四書)에 보이는 〈효론(孝論)〉'을 수록하여 〈효〉에 관한 말들을 모두 뽑아, 본문·원문·주·해의를 달아 놓았다. 이것은 공자(孔子)와 맹자(孟子)의 〈효〉에 대한 개념과, 《효경》에 쓰여 있는 〈효〉의 개념을 독자 스스로가 비교할 수 있도록 하기 위한 것이다.

차 례

효경 해제

1. 《효경》의 뜻과 내용

중국의 유가(儒家) 경전(經典)들 중에는 오경(五經)을 비롯하여 십삼경(十三經)에 이르는 수많은 책들이 있고, 책이름 자체에 《시경(詩經)》·《서경(書經)》·《역경(易經)》 등 〈경〉자가 붙어 있는 것들도 여러 가지가 있다. 그러나 유가의 경전 중 처음부터 책이름에 〈경〉자가 붙어서, 〈경〉자를 빼면 책이름이 되지 않는 것은 《효경》이 유일한 것이다.

《시경》·《서경》·《역경》 같은 경전들은 본래 시(詩)·서(書)·역(易) 등으로만 불렸다. 선진(先秦)시대의 전적(典籍) 속에는 《시경》·《서경》 등의 호칭은 전혀 보이지 않는다. 《예기(禮記)》에 경해(經解)편이 있고, 《장자(莊子)》 천운(天運)편에는 '육경(六經)', 같은 천도(天道)편에는 '십이경(十二經)'이란 말이 보이니, 적어도 전국(戰國)시대 말엽에는 중요한 책들을 높이어 귀중한 책이라는 뜻에서 그 책을 〈경〉이라 부르기 시작했던 것 같다.

　그러나 책이름으로서 〈경〉자를 붙여 부르는 일반적인 습관은 훨씬 후세에 생겨난 일이다. 현재 전하는 경전에 관한 책들을 조사하여 보면 남송(南宋) 초기에 이루어진 요강(廖剛)의 《시경강의(詩經講義)》가 책이름에 〈경〉자를 붙여 쓴 최초의 책인 듯하며, 《시경》·《서경》·《역경》의 책이름이 일반화한 것은 더욱 후대인 명(明)대부터이다.

　그러나 《효경》만은 예외여서 처음부터 〈경〉자가 책이름으로 붙여졌다. 《효경》을 다른 경전들의 경우처럼 단순히 〈효〉라고 부른 예는 없다. 이것은 《시경》이 본래는 주(周)나라 시대에 유행하던 시가집이었고, 《서경》이 옛 사관(史官)들의 기록을 모은 책이며, 《역경》이 점치는 데 쓰이던 책이었던 것과는 성격이 다름을 뜻한다.

　《시경》·《서경》·《역경》 등은 본래부터 경전으로서의 성격을 띤 내용의 글이 아니었으나, 후에 공자가 이것들을 정리하고 편찬하고 새로운 해석을 하여 세상 사람들을 가르치는 데 쓸 교과서로 삼았기 때문에 〈경〉으로 격이 높여졌던 것이다. 이에 비하여 《효경》이 처음부터 〈경〉자를 붙여 《효경》이라 불렸다는 것은, 이 책만은 처음부터 만인의 교과서가 될 경전으로 씌어졌고 또 읽혔다는 것을 의미한다.

　반고(班固, 32~92년)는《한서(漢書)》예문지(藝文志)에서《효경》의 뜻을 다음과 같이 해설하고 있다.

　"〈효〉라는 것은 하늘의 법도이고, 땅의 의리(義理)이며, 사람으로서의 행실인 것이다. 이처럼 위대한 것을 들어 논하였기 때문에《효경》이라 말하는 것이다.(夫孝는, 天之經이오, 地之義요, 民之行也니라. 擧大者言이니, 故曰孝經이니라.)"

　다시　정현(鄭玄, 127~200년)은 〈효경주서(孝經註序)〉에서 다음과 같이《효경》의 뜻을 해설하였다.

　"《효경》이란 것은 삼재(三才 : 하늘과 땅과 사람)의 경위(經緯)이며 오행(五行)의 기강(紀綱)인 것이다. 〈효〉란 모든 행실의 으뜸이요, 〈경〉이란 바뀌어지지 않는다는 칭호이다.(孝經者는, 三才之經緯요, 五行之綱紀니라. 孝爲百行之首요, 經者不易之稱이니라.)"

　또 공안국(孔安國, B.C. 156?~B.C. 74년?)은《고문효경서(古文孝經序)》에서 이렇게 설명하고 있다.

　"《효경》이란 무엇인가? 〈효〉란 사람의 고상한 행실이요, 〈경〉이란 영원불변의 도이다.(孝經者는, 何也오? 孝者는, 人之高行이오 ; 經은, 常也니라.)"

　곧 처음으로《효경》을 세상에 드러낸 한(漢)대의 학자들은 〈효〉 자체를 '하늘의 법도와 땅의 의리와 사람의 행실이 되는' 곧 '삼재(三才)의 기강(紀綱)이 되는' 우주에서 가장 위대한 원리라고 파악하였다.《효경》의 본문에도 이러한 뜻을 자세히 해설하고 있다.

따라서 〈효〉란 개인의 윤리에 그치지 않고, 집안에서 시작하여 사회와 나라와 온 세계를 평화와 질서로 이끄는 기본 윤리로 해설되고 있는 것이다. 여기에 붙여서 〈경〉이란 말까지도 '영원히 불변하는 법칙' 또는 '세상에서 가장 위대한 것'이란 뜻이라 해석하고 있다. 그러나 아마도《효경》의 원작자는 〈경〉이란 글자만은 육경(六經)의 경우처럼 책을 높이려는 단순한 뜻에서 붙였을 것으로 여겨진다. 이미 진(秦)나라 상국(相國) 여불위(呂不韋)가 편찬했다는《여씨춘추(呂氏春秋)》의 팔람(八覽) 중에도 〈효〉를 강조한 효행람(孝行覽)이 있다.

《효경》에는 내용상 크게 다른 판본으로 고문(古文)에 속하는 공안국(孔安國)의 전(傳)이 붙은 22장(章)으로 이루어진 것과, 금문(今文)에 속하는 정현(鄭玄)의 주(注)가 붙은 18장으로 이루어진 것의 두 가지가 있다. 공안국은 한나라 초기의 학자이고, 정현은 동한(東漢)의 학자이다. 금문과 고문에 대하여는 4절에서 자세히 설명할 예정이다.

그런데 고문《효경》은 양(梁)나라 말엽에 없어지고, 지금은 공자가 살던 집 벽 속에서 나왔다는 판본과 일본에 전해졌다는 판본이 전해지고 있으나, 모두가 후세에 가짜로 만들어낸 책임이 분명하다. 고문《효경》은 22장이라 하지만 실제로는 22자로 된 제19장 규문(閨門) 한 장이 더 많을 뿐이고, 나머지는 금문《효경》의 제7장 삼재(三才)를 둘로 나누고, 제9장 성치(聖治)를 셋으로 나누어 형식적으로만 장수를 늘여놓았을 뿐이다.

그러나 금문본만은 경문(經文)이 지금까지 전해지고 있고, 당(唐) 현종(玄宗)이 주(注)를 달고 그것이《십삼경주소(十三經注疏)》속에 들어가면서《효경》의 경문은 18장으로 된 것이 널리 읽혔을 뿐만 아니라 옛모습을 갖춘 진짜 판본으로 믿어지고 있다.

다시 송(宋)대에 들어와 성리학(性理學)의 대사(大師)인 주희(朱熹, 1130~1200년)는《효경간오(孝經刊誤)》에서 고문본을 근거로 하되 이 중 223자(字)를 깎아내고, 보통《효경》의 제1장에서 제6장까지를 합쳐 1장으로 만들고 이를 〈경(經)〉이라 하고, 나머지를 다시 배열하여 앞의 〈경〉의 글을 다시 해설한 〈전(傳)〉14장으로 만들어 놓았다. 이것은 그가 사서(四書) 중의《대학(大學)》을 〈경〉1장, 〈전〉10장으로 만들었던 수법을 그대로 응용한 것이다. 주희 개인의 주관적인 재정리 작업임은 더 말할 필요조차도 없다.

뒤에 원(元)나라 오징(吳澄, 1249~1331년)은 다시 금문본을 근거로 《효경정본(孝經定本)》에서 주희의 수법을 본떠서 그 내용을 〈경〉 1장, 〈전〉 12장으로 정리하였는데, 특별한 판본으로 내세울 만한 것도 못되는 것이다.

《효경》은 매우 짧은 글이다. 금문본 18장 중 가장 긴 성치(聖治)장이 288자이고, 가장 짧은 오형(五刑)장은 37자인데, 짧은 장들이 대부분이다. 그러니 더 쪼개고 붙이고 할 성질의 것도 아니려니와, 주관(主觀)에 의한 개편은 학자적인 태도로서도 삼가야만 할 일인 듯하다.

청(淸) 기윤(紀昀, 1724~1805년)은 《사고전서총목제요(四庫全書總目提要)》 경부(經部) 효경류(孝經類)의 해제에서 다음과 같은 말을 하고 있다.

"지금 그 문장을 볼 것 같으면 이대(二戴)의 기록〔대덕(戴德)의 《대대례기(大戴禮記)》와 대성(戴聖)의 《소대례기(小戴禮記)》를 가리킴〕에 아주 가까우니, 요컨대, 70자(子)의 무리〔공자의 제자들을 뜻함〕가 남긴 글일 것이다. 만약 하간헌왕(河間獻王)이 그것을 131편(篇) 가운데 끼어넣었더라면〔《한서(漢書)》 예문지(藝文志) 예류(禮類)에 〈기(記)〉 131편이 있다. 하간헌왕은 이름이 덕(德)이며 경제(景帝)의 아들인데, 《수서(隋書)》 경적지(經籍志)에는 그가 〈기〉 131편을 획득

했다 하였다], 곧 《예기(禮記)》의 한 편이 되어 있을
것이다. 그것은 《예기》의 유행(儒行)편, 치의(緇衣)편
과 성격이 비슷한 종류의 내용이다. 다만 그것이 따로
단행본(單行本)으로 전해지면서 그것을 전하고 기록하
는 사람들이 공자가 지었다는 명분 아래 장을 나누고
장명(章名)을 붙이어 스스로 한 〈경(經)〉으로 행세하
게 되었다."

　《효경》이 〈효〉의 윤리를 해설하고 있기는 하지만,
그 내용이나 문장의 성격이 《예기》의 한 편과 비슷한
것임은 누구나 인정하지 않을 수가 없을 것이다.

2. 《효경》의 저자와 저작 연대

　《한서(漢書)》 예문지(藝文志)에,
　"《효경》이란 공자가 증자(曾子)를 위하여 〈효〉의
도를 진술한 것이다."
라고 하였고, 또 한(漢)대의 위서(緯書)인 《효경구명결
(孝經鉤命訣)》에,
　"공자는 뜻은 《춘추》에 표현하였고, 행실은 《효경》
에 표현하였다."
고 말하고 있어서, 후세의 학자들은 공자가 《효경》을
지었다고 일반적으로 생각하였다.

　동한(東漢) 때 사신(史晨)의《봉사공자묘비(奉祀孔子廟碑)》에,

　"〔공자께선〕이에《춘추》를 지으시고 다시《효경》을 쓰셨다."

하였고, 한(漢)대에 세운 곡부(曲阜)의 공자묘(孔子廟)에 있는《백석졸사비(百石卒史碑)》에는,

　"공자께서《춘추》를 지으시고《효경》을 저작하셨다."

고 하였고, 정현(鄭玄, 127~200년)은《육예론(六藝論)》에서,

　"공자께서는 육경(六經)의 제목이 같지 않고, 취지가 서로 달라서 올바른 도가 흩어져 없어져 후세 사람들은 그 근원을 알 수가 없게 될까 두려워하였기 때문에《효경》을 지어서 그것들을 총괄(總括)하셨다."

고 말하고 있다.

　이밖에 위서(緯書)인《원신계(援神契)》·《중계(中契)》및《공자가어(孔子家語)》등에서도 모두 공자의《효경》저술을 주장하고 있다. 이로써 본다면 한대 학자들은 모두《효경》은 공자가 지은 것이라 믿는 한편, 경전 중에서의 그 지위도 굉장히 높게 평가하고 있었다고 보아야 할 것이다.

　다만 사마천(司馬遷, B.C. 145~B.C. 86년)의《사기(史記)》중니제자열전(仲尼弟子列傳)을 보면 증삼(曾

參)의 전기에서,

"공자는 그(증자)가 효도에 능통하다고 생각하였기 때문에 그에게 〈효〉를 가르쳐 주고 《효경》을 지었다."고 말하고 있다. 여기에 증자의 이름이 보이고 있기 때문에 뒤에는 다시 《효경》은 증자가 지은 것이라고 주장하는 학자들도 있게 되었다.

《고문효경(古文孝經)》의 공안국(孔安國, B.C. 156?~B.C. 74년?)의 서(序), 도잠(陶潛, 365~427년)의 《오효전(五孝傳)》, 황도주(黃道周)의 《효경집전전주(孝經集傳全注)》, 동정(董鼎)의 《효경대의(孝經大義)》에 붙여진 웅화(熊禾)의 서(序) 같은 것이 그 보기이다. 그러나 이들도 기록자에 대한 주장이 약간 다를 뿐, 실상 그 내용은 공자의 가르침이라는 데 이의(異議)를 가진 사람은 없다.

이들 일부 학자를 제외하면 한(漢) 이후의 거의 모든 학자들이 《효경》은 《춘추》와 함께 공자가 직접 지은 것이라 생각하여 왔다. 그러나 공자가 지은 책으로서는 의문점이 한두 가지가 아니다.

첫째, 공자가 지은 책이라면 공자 스스로 거기에 〈경〉이란 책을 높이는 말을 붙였을 리가 없다. 한대의 학자들은 정현(鄭玄)이 "〈효〉란 모든 행실의 으뜸이요, 〈경〉이란 바뀌어지지 않는다는 칭호"라고 해석했던 식으로 돌려서 해석을 하였지만, 〈경〉이란 말은 일반적으로는 '위대한 책' 곧 '고문전책(高文典冊)'을 뜻하였다. 공자가 자신이 지은 책을 스스로 '위대한 책'이라 부르지는 않았을 것이다.

둘째, 《효경》 첫머리가 "중니(仲尼)께서 한가이 계실 적에 증자가 모시고 앉아 있었다(仲尼居시어늘, 曾子侍러라)."는 말로 시작되고 있는데, 공자가 자기 제자를 '증자'라는 존칭으로 불렀을 리가 없다. 또 자기 자신을 자(字)로 불렀을 리도 없다. 증자라 하더라도 선생님이나 자기 자신을 이런 호칭으로 부를 수가 없는 일이다.

이밖에도 이미 앞에서 《효경》은 《예기(禮記)》의 한 편과 같은 성질의 문장이라 하였지만 그 내용이나 사상과 문장 등에도 공자의 저술로 보는 데 있어서는 많은 문제가 있다. 예를 들면 삼재(三才)·성치(聖治)·사군(事君) 같은 장들의 내용은 《좌전(左傳)》의 글에서 따온 듯한 성질의 것이다. 그 사상에 관하여는 뒤의 제3절을 참조해 주기 바란다.

이 때문에 일찍이 송(宋)대의 진규(陳騤, 1128~1203년), 왕응진(汪應辰, 1118~1176년) 같은 학자들이 《효경》이 후세의 위작(僞作)일 것이라 의심했다〔《사고전서총목제요(四庫全書總目提要)》 효경류(孝經類) 해제(解題)에 보임. 다만 왕응진의 설은 주희(朱熹)의 《효경간

오(孝經刊誤)》 자기(自記), 정형(程逈)의 《답주자론
효경서(答朱子論孝經書)》 및 황진(黃震)의 《황씨일초(黃
氏日鈔)》 등에 보이나, 진규의 이론은 근거를 알 수 없다].

그리고 기윤(紀昀)은 《사고전서총목제요》 효경류의 해
제에서 《효경》은 공자의 제자인 "70자(子)의 무리들이
남긴 글"이라 하였다.

주희(朱熹)도 《효경》이 공자의 저작이라는 점에 대
하여는 크게 의심하였다. 이 때문에 지금에 와서는 《효
경》을 공자의 저작이라고 생각하는 학자는 극히 드물
다. 다음 절에서도 얘기하겠지만, 이는 증자의 제자들
의 저작일 것이며, 공자와 증자의 문답은 가설(假設)일
것으로 생각한다.

그러면 《효경》이란 언제 지어진 책인가? 후한(後漢)
채옹(蔡邕, 132~192년)의 《명당론(明堂論)》을 보면
위(魏)나라 문후(文侯)의 《효경전(孝經傳)》이 인용되
어 있으니, 위나라 문후가 《효경전》을 지었다면 《효
경》은 이미 전국(戰國)시대 초엽에 있었던 것이 된다.
그러나 불행히도 이 《효경전》은 전하지도 않는 책이
려니와, 후세 사람이 그의 이름을 빌려 만든 가짜였을
거라고 의심하는 학자들이 많다[예를 들면 굴만리(屈
萬里, 1906~1979년)의 《고적도독(古籍導讀)》 중편(中
篇)].

그러나 《여씨춘추(呂氏春秋)》 심미(審微)편에도 《효경》의 제후(諸侯)장의 글이 인용되어 있으니, 적어도 전국시대 말엽에는 《효경》이 이미 존재했다고 보는 수밖에 없을 것이다. 이 이상의 《효경》 저작 연대는 고증할 길이 없다.

3. 《효경》의 사상

《효경》을 보면 우선 〈효〉는,

　"지극한 덕이며 중요한 도(至德要道 : 제1장)"

이고,

　"하늘의 법도요, 땅의 의리이다.(天之經也요, 地之義
　也니라. : 제7장)"

라고 단정하고 나서 다시,

　"사람의 행실로서는 〈효〉보다 위대한 것이 없다.(人
　之行은, 莫大於孝니라. : 제9장)"

는 기본 개념에서 《효경》의 논술을 출발시키고 있다. 그래서 〈효〉는 사람의 모든 행위를 다 포괄(包括)하게 되어,

　"〈효〉라는 것은 어버이를 섬기는 것이 시작이지만, 다음은 임금을 섬기는 일이 되고, 끝으로는 자신을 올바로 간수하는 것이 된다.(夫孝者는, 始於事親하고, 中

於事君하며, 終於立身하니라. : 제1장)"
는 이론으로 발전하고 있는 것이다.

　그래서 자기 자신의 "몸과 머리털과 피부도 부모에게서 물려받은 것이니, 감히 손상시키지 않는 것이 〈효〉의 시작이다(身體髮膚는, 受之父母니, 不敢毀傷이, 孝之始也니라)."고 하면서 첫째 자기 몸을 잘 보전하고, 다음에는 "올바로 자신을 간수하고 도를 행하여 후세에 이름을 드날리어야 한다(立身行道하여, 揚名於後世니라)."고 말하고는, 천자가 천하를 다스리는 것에서부터 시작하여 제후가 나라를 다스리는 것, 경대부(卿大夫)들이 집안을 다스리는 것, 사(士)가 자기 벼슬자리를 지키는 것, 서민(庶民)들이 각자가 맡은 생업(生業)에 종사하는 일에 이르는 모든 것을 〈효〉를 바탕으로 하여 풀이하고 있는 것이다. 다시 말하면 이 세상의 모든 도덕과 사람들의 일이 모두 〈효〉를 바탕으로 하여 올바로 이루어진다는 것이다.

　《논어(論語)》학이(學而)편을 보면 유자(有子)의 말을 인용하여 이런 이론을 전개하고 있다.

　"군자는 근본에 대하여 힘써야만 하는데, 근본이 서야만 도가 생겨나기 때문이다. 〈효〉와 우애란 것은 인(仁)을 행하는 근본이 되는 것이다.(君子務本하나니, 本立而道生이니라. 孝悌也者는, 其爲仁之本與인저.)"

이에 따르면 공자도 본시 〈효〉를 근본으로 한 도덕론 (道德論)을 생각하고 있었던 것은 사실이다.

그러나 《논어》에서 〈효〉가 "인(仁)을 행하는 근본"이 된다는 것은 무슨 일이나 가까운 것에서부터 해나가야 만 한다는 뜻에서, 다른 도덕을 얘기하기 전에 먼저 적어도 〈효〉와 우애부터 실천해 나가야만 한다는 것이 지, 〈효〉가 모든 덕목(德目)과 모든 사람의 행실을 총 괄하는 것이라는 뜻은 아니다. 공자에게 있어 모든 덕 목을 포괄할 수 있는 것은 오히려 〈효〉라기보다는 '인' 이었다고 보는 게 옳을 것이다.

그럼에도 불구하고 《효경》에서 〈효〉를 사람들의 모 든 도덕과 행위를 포괄하는 것으로 해석하고 있는 것 은, 이것이 직접 공자에 의하여 쓰여진 것이 아님은 물 론이요, 바로 그 제자인 증자의 손에 의해 이루어진 것 도 아님을 뜻하는 것이라 하겠다. 《논어》이인(里仁)편 을 보면, 공자가 "나의 도는 하나로 관통되어 있다.(吾 道一以貫之니라.)"고 한 말을 풀이하여 증자는 "선생님 의 도는 충과 서일 따름입니다.(夫子之道는, 忠恕而已 矣니라.)"라고 설명하고 있다.

곧 공자의 중심 사상은 자기의 정성을 다하는 것을 뜻하는 〈충〉과, 자기의 입장에서 미루어 남을 헤아려 주는 〈서〉이며, 그것은 모든 사리(事理)에 관통되고

있다는 것이다. 만약 정말로 《효경》을 증자가 쓴 것이
라면 공자의 도에 있어서의 '하나(一)'를 〈효〉라고 말
했어야 옳을 것이다. 그렇다면 《효경》은 효행에 뛰어난
증자를 받드는 증자 뒤의 유가의 한 학파의 사람이 가
설적으로 공자와 증자의 대화를 내세워 지은 것이라
보아야 할 것이다.

　한편 이러한 《효경》의 〈효〉의 사상이 적극적으로 존
중되며, 충(忠)과 함께 짝을 이루어 절대적인 윤리로
경직(硬直)되기 시작한 것은 한(漢)대이다. 그것도 한
나라 무제(武帝, B.C. 140~87년 재위)가 유학(儒學)
을 국학(國學)으로 정립한 뒤의 일일 것이다. 무제로
말미암아 유학이 중국의 봉건전제군주제(封建專制君主
制)의 바탕이 되는 학문으로 변하자 《효경》은 그러한
사회윤리에 가장 잘 맞는 경전의 하나로 등장하게 되
었던 것이다. 다시 말하면 《효경》은 봉건군주제 시대의
윤리관을 대표하는 경전의 하나인 것이다.

　중국의 정사(正史)인 《양서(梁書)》·《위서(魏書)》를
비롯하여 《수서(隋書)》·《송사(宋史)》·《명사(明史)》 등
의 열전(列傳)에는 효행전(孝行傳)·효의전(孝義傳)
같은 효도에 뛰어난 인물들의 전기가 실려 있으니 중
국에서 〈효〉의 윤리가 얼마나 중시되었는가 알 수 있
게 한다. 이미 한(漢)대부터 관리를 임용할 때 효렴(孝

廉)의 항목이 있었고, 청(淸)대에는 효렴방정(孝廉方
正)의 과목이 시행되었다.

〈효〉가 봉건시대의 윤리라 하여《효경》을 시대가 바
뀐 현대에는 전혀 무의미한 경전이라고 보아서는 안
된다. 예를 들면《효경》에서 〈효〉는 부모에 대한 순종
(順從)·애경(愛敬)·봉양(奉養)·간쟁(諫諍) 등을 통하
여 이루어진다 하였다. 아무리 시대가 바뀌고 풍습이
달라졌다 하더라도 이상의 네 가지가 잘못된 것이라
할 수는 없을 것이다. 특히 부모를 사랑하고 공경하는
애경(愛敬)의 정과 부모의 잘못을 올바로 말씀드려 고
쳐드려야 한다는 간쟁(諫諍)의 뜻은 현대에도 적극적
으로 살려나가야 할 미덕이 아닐까 한다.

그리고 그 방법이나 형식은 달라지고 있지만 부모에
대한 순종이나 봉양도 아직까지 미덕이 아닐 수가 없
다. 더욱이 부모와 자식 사이의 타고난 정과 관계를 잘
정리하여, 그것을 자기 집안에서 시작하여 밖의 모든
사람에게까지 적용하려는 정신은 바로 현대의 휴머니
즘과 다를 바 없는 정신이라 하겠다.

4. 《효경》에 있어서의 금문(今文)과 고문(古文)

중국의 유가 경전에는 한(漢)대부터 금문과 고문의

구별이 생겨났고, 이에 따라 학자들 사이에도 금문파와 고문파가 있었다. 본시 금문과 고문의 구별이란 한나라 초기에 진(秦)나라 시황제(始皇帝)의 분서(焚書)로 말미암아 없어진 책들을 다시 수집할 때, 그 책이 당시에 통용되던 예서(隸書)로 쓰여 있는가〔금문〕, 또는 그 이전의 고서체(古書體)로 쓰여 있는가〔고문〕 하는 책의 글자체의 차이를 구별하는 말에 불과하였다.

이처럼 금문과 고문은 처음에는 자체의 구별에 불과했으나, 뒤에 금문과 고문의 경문(經文)에 차이가 발견되고, 또 차츰 어느 책을 갖고 공부하느냐에 따라 학문 방법까지도 크게 달라지게 되었다.

그리하여 마침내 금문과 고문은 한대 이후 청(淸)에 이르는 2천년의 중국 경학사(經學史)를 통하여 일대쟁안(一大爭案)으로까지 발전하였다. 곧 중국의 모든 경전에 금문과 고문의 차이가 있어, 이들은 경의 문장이나 그 해석과 연구 방법 및 방향이 서로 다르고, 경전의 전승(傳承)에도 제각기 다른 내력(來歷)을 갖고 있는 것이다.

《효경》에 있어서는 《한서》 예문지(藝文志)를 보면,

"《효경고공씨(孝經古孔氏)》 1편 22장, 《효경》 1편 18장, 장손씨(長孫氏)·강씨(江氏)·후씨(后氏)·익씨(翼氏)의 사가(四家)가 있었다."

고 기록하고 있다. 여기에는 모두 '효경 11가(家), 59
편'이 수록되어 있는데, 거기에는 다음과 같은 해설을
붙여놓고 있다.

"한(漢)나라가 일어나자 장손씨(長孫氏)·박사(博士)
강옹(江翁)·소부(少府) 후창(后倉)·간대부(諫大夫)
익봉(翼奉)·안창후(安昌侯) 장우(張禹)가 《효경》을 전
하여[《수서(隋書)》 경적지(經籍志)에는 후창(后倉)이
후창(后蒼), 간대부(諫大夫)가 간의대부(諫議大夫)로
되어 있다] 각자가 명가(名家)가 되었다. 경문(經文)은
이들 모두가 같았으나, 오직 공씨(孔氏)의 벽 가운데에
서 나왔다는 고문(古文)만이 달랐다."

곧 한대부터 《효경고공씨》라고 한 22장으로 된 고문
본과 그밖의 금문본의 두 가지 《효경》이 있었다.

같은 《한서》 예문지 《서경》의 해설을 보면 무제(武
帝) 말엽에 노(魯) 공왕(恭王)이 공자가 살던 집 벽을
헐다가 《고문상서(古文尚書)》·《예기(禮記)》·《논어(論
語)》 등과 함께 《효경》을 발견한 것으로 되어 있는데,
이것이 고문 《효경》이다. 여기에는 공안국(孔安國)의
전(傳)이 붙어 있었다는데,《수서(隋書)》 경적지(經籍
志)에 의하면 양(梁)나라 말엽에 이미 없어져 버렸다
한다. 그래서 양나라 이후로 수(隋)나라에 이르기까지
정씨[鄭氏, 뒤에는 정현(鄭玄)으로 변함] 주가 달린

금문본《효경》만이 행세하였다.

　그런데 수(隋)대에 와서 다시 공안국의 전이 달린 고문본《효경》이 세상에 나왔다.《수서》경적지의 기록에 의하면 이 고문본《효경》은 경사(京師)에서 왕소(王劭)가 찾아내어 하간(河間)의 유현(劉炫)에게 보내주었는데, 유현이 그 어지러운 내용을 정리하고 의소(議疏)를 다시 써서 세상에 유행시킨 것이라 한다. 뒤에 가서는 조정에까지 알려져 마침내는 정씨(鄭氏)의 주가 달린 금문본과 아울러 세상에 널리 읽히게 되었다는 것이다.

　그러나 그때 이미 학자들은 모두가 그것은 유현이 가짜로 만든 것이어서 공안국의 옛 책이 아니며, 조정의 도서관인 비부(秘府)에도 전부터 그런 책은 있지 않았던 것이라고들 말하였다. 그러니 다시 나온 고문《효경》은 이미 그 시대부터 그것이 가짜라는 낌새를 학자들은 다 알고 있었다는 것이다.

　《한서》예문지를 보면,

　"〔다른 판본들은〕 경문(經文)이 모두 같으나 오직 공씨(孔氏)네 집 벽 속에서 나온 고문만은 다르다. '부모님은 우리를 낳아주셨으니 상속을 더할 수 없이 크게 받은 것이다.(父母生之하시니, 續莫大焉이니라.)', '그러므로 친근한 정이 무릎 밑에서 생겨난다.(故로 親生

之膝下니라)'와 같은 여러 학자들의 해설이 일정치 않
은 곳은 고문의 자구(字句)가 모두 달랐다."
고 하였다. 또 후한(後漢) 환담(桓譚, ?~25년?)의 《신
론(新論)》에서는,

"《고효경(古孝經)》은 1,870자(字)인데, 금문과 다른
것이 400여자다."
라고 말하고 있다. 이에 따르면 본시 고문 《효경》은
금문본과 경문 자체에도 퍽 많은 차이가 있었다.

그러나 현재의 고문본을 보면 장수(章數)는 금문본
18장에 비하여 4장이 더 많으나 실제로는 내용에 큰
차이가 없다. 금문의 삼재(三才)장을 고문에서는 2장으
로 쪼개어 놓았고, 다시 성치(聖治)장을 3장으로 쪼개
어 도합 3장으로 늘여 놓았을 뿐이고, 실제로 더 많은
것은 22자로 된 규문(閨門)장 하나뿐이다. 따라서 현행
《효경》은 금문과 고문 사이에 별로 큰 차이가 없는
셈이다. 이로써도 현행 고문본이 위작일 것이라는 심증
을 굳게 한다.

더구나 규문이라는 제19장은 다음과 같은 짧은 글이다.
"집안에서는 예가 갖추어져야 한다. 아버지도 엄하고
형도 엄해서, 처자나 하인과 첩들은 관리들이나 백성들
과 같은 것이다.(閨門之內엔, 具禮矣乎인저. 嚴父嚴兄이
오, 妻子臣妾은, 猶百姓徒役也니라.)"

이 글은 경문의 한 장 같지 않다는 게 많은 사람들
의 견해이다.

그 뒤 당(唐)대에 이르러 현종(玄宗)이 개원(開元) 7
년(719)에 여러 학자들로 하여금《효경》의 금문과 고문
에 대하여 토론 연구케 한 다음 금문을 근거로 한《효
경》의 주해에 착수하여 이전 여러 학자들의 의견을 참
작한 끝에 천보(天寶) 2년(743)에 중주본(重註本)을
완성하고, 다시 2년 뒤에는 태학(太學) 앞에 그것을 돌
에 새겨 세워놓으니 이것이《석대효경(石臺孝經)》이다.
이로부터 한동안은 세상에 금문본《효경》만이 행세하
였다.

그러나 송(宋)대에 이르러는 다시 사마광(司馬光,
1019~1086년)과 범조우(范祖禹, 1041~1098년) 등이
고문본을 가지고《효경》을 해설하기 시작하여, 이들
의 해설인《효경지해(孝經指解)》와《효경설(孝經說)》
이《고문효경지해(古文孝經指解)》란 한 권의 책으로
합쳐져 전해지고 있다. 이 뒤를 이어 주희(朱熹)가 고
문본을 근거로 하여《효경》을 다시 자기 나름대로 정
리하여〈경〉1장과〈전〉14장으로 나누고 옛 경문에서
223자를 깎아낸 다음《효경간오(孝經刊誤)》한 권을
냄으로써 고문이 세상에 크게 대두되게 된다.

그리고 원(元)대의 동정(董鼎)이 주희의《효경간오》

를 바탕으로 하여 《효경대의(孝經大義)》를 냄으로써 고문의 세력을 더욱 확장시킨다. 이 뒤로 청(淸)대에 이르기까지 고문본은 금문과 함께 엇섞이어 세상에 유행하게 된다. 특히 우리나라에서는 성리학(性理學)이 들어온 뒤로 거의 《효경대의》만이 읽힌 셈이니, 조선(朝鮮)의 《효경》은 고문이 휩쓸었다고 할 수 있다.

다시 고문본 중에는 청(淸) 건륭(乾隆) 연간(1736~1795년)에 왕익창(汪翼滄)이 일본 나가사키(長崎)에서 구해왔다는 《고문효경공씨전(古文孝經孔氏傳)》1권이 있다. 이것도 가짜임은 이미 《사고전서총목제요》에서 기윤(紀昀)이 자세히 논하고 있다. 일본에도 옛 족리학교(足利學校)에서 나왔다는 고문본이 전하고 있으나 비슷한 내용의 것임이 틀림없다[이를 번역한 岩垂憲德의 《孝經講話》(1943년)를 읽은 일이 있다].

《효경》의 금문본은 진(秦)나라에서 분서(焚書)를 할 때 하간(河間)의 안지(顏芝)가 감추어 갖고 있다가 한(漢)나라 초기에 그의 아들 안정(顏貞)이 세상에 내놓은 것이라는데, 1권 18장으로 이루어져 있다. 그리고 장손씨(長孫氏)·박사(博士) 강옹(江翁)·소부(少府) 후창(后蒼)·간의대부(諫議大夫) 익봉(翼奉)·안창후(安昌侯) 장우(張禹) 등이 모두 이를 연구하여 일가(一家)를 이루었다.

뒤에 고문《효경》이 세상에 나와 공안국(孔安國)이 전을 쓰기도 하였으나, 유향(劉向, B.C. 77?~B.C. 6년)이 조정의 도서관인 비부(秘府)의 책들을 교정 정리할 때, 안정(顔貞)의 금문본과 고문본을 비교한 끝에 18장의 경문(經文)이 옳은 것이라 판정을 내렸다. 이 뒤로는 정중(鄭衆)·마융(馬融) 등이 여기에 주를 달았는데, 이들 책은 양(梁)나라 때 전란 속에 없어져 버렸다[이상《수서(隋書)》경적지(經籍志) 의거].

이밖에 금문《효경》에는 정씨(鄭氏) 주가 전하는데 〔《수서》경적지에 보임〕, 뒤에는 정씨를 정현(鄭玄)이라 생각하게 된다. 정씨를 정현으로 본 것은 진(晉)나라 때《집의효경(集議孝經)》을 쓴 순창(荀昶)에게서 비롯된 것이라 한다[《사고전서총목제요》참조]. 그러나 정현의 저서가 모두 수록된《정지목록(鄭志目錄)》에도 이것이 보이지 않을 뿐더러, 그 해설 내용이 정현의 다른 경전의 주해(註解)와 서로 어긋나는 점이 많기 때문에 일찍부터 이것은 정현의 해설이 아닐 것이라고 생각하는 학자들이 많았다.

위(魏)·진(晉)을 통하여도 수많은 학자들이《효경》에 관한 주해를 하였으나 지금까지 전하는 책들은 없다. 양(梁)대에 들어와 무제(武帝, 502~549년 재위)가《효경》을 존숭하여 스스로도《효경의소(孝經義

疏)》18권을 지었고, 고문과 금문을 모두 국학(國學)에 세웠으나 양나라 말엽의 전란 틈에 공안국의 고문본은 없어지고 금문본만이 행세하게 되었다. 곧 수(隋)나라 때 유현(劉炫)이 위작한 고문본 《효경》이 세상에 나오기까지는 금문본만이 읽혔으나, 이 가짜 《공안국전(孔安國傳)》이 나옴으로써 《효경》의 금고문의 다툼은 다시 시작되었다.

당(唐)대에 들어와 현종(玄宗)은 개원(開元) 7년(719)에 많은 학자들을 모아놓고 《효경》을 연구하고 토론케 하였는데, 이때 유지기(劉知幾, 661~721년)는 고문을 주장하면서 정현의 주에 '열 가지 잘못과 일곱 가지 미혹[十謬七惑]'이 있음을 지적하여 금문본을 배척하였고, 사마정(司馬貞)은 금문을 주장하면서 공안국의 고문본의 결함을 여러 가지로 지적하였다.

그러나 현종은 금문본을 바탕으로 한 《효경》의 주해에 착수하여, 이전의 위소(韋昭)·왕숙(王肅)·우번(虞飜)·유소(劉紹)·유현(劉炫)·육징(陸澄) 등 금고문가의 주해를 종합하고, 경문은 금문본을 바탕으로 하여 《효경》 주를 완성, 개원(開元) 10년(722)에 국자학(國子學)과 온 천하에 폈다. 그리고 천보(天寶) 2년(743)에는 이를 다시 증수(增修)하여 《중주본(重註本)》을 천하에 반포하였다.

그리고 천보 4년(745)에는 이 《어주효경(御註孝經)》
을 태학(太學) 앞의 돌에 새겨 세워놓게 하였는데 이
를 《석대효경(石臺孝經)》이라 부르며, 지금도 서안(西
安)의 부학(府學) 자리에 남아 있다고 한다. 그리고는
다시 한 가지 말도 여러 가지로 새길 수가 있고, 옛날
주해 중에는 견해는 약간 다르나 뛰어난 해석들이 적지
않게 있었으므로 원행충(元行沖)에게 다시 《소(疏)》를
써서 그런 것들을 밝히도록 하였다. 기윤(紀昀)은 《사
고전서총목제요(四庫全書總目提要)》에서 원행충도 현
종의 주나 마찬가지로 한 번 쓴 다음 다시 거듭 수정
하였음을 지적하고 있다.

뒤에 송(宋)나라 함평(咸平) 연간(998~1003년)에
형병(邢昺)이 다시 원행충의 《소(疏)》를 바탕으로 새
로운 《소》를 써서, 지금의 십삼경주소본(十三經註疏
本)인 《효경정의(孝經正義)》 3권이 이루어졌다. 다만
지금의 《소》로써는 어느 부분이 원행충이 쓴 것이고,
어떤 것이 형병이 새로 쓴 것인지 분간할 길이 없게
되었다. 어떻든 당나라 현종이 금문본을 바탕으로 직접
주를 쓴 이래로 경문에 있어서는 고문본은 자취를 감
추다시피 하였고, 《효경정의》는 《효경》의 전형적인 주
해서로 행세하였다.

그러나 앞에서 이미 설명한 바와 같이 송(宋)대에

들어와 사마광(司馬光)·범조우(范祖禹) 등이 고문《효경》을 내세우기 시작하고, 다시 주희(朱熹)가 고문본을 근거로 《효경간오(孝經刊誤)》를 내어 원(元)나라 동정(董鼎)이 다시 그것을 근거로 《효경대의(孝經大義)》를 내면서 고문의 세력이 크게 대두되었다.

동정의 《효경대의》에 서문을 쓴 원(元) 웅화(熊禾) 같은 사람은 주희가 우연히 《효경간오》에서 고문본을 근거로 한 것을 기화로, 고문본을 따르지 않는 것을 무슨 큰 죄를 저지르는 것처럼 얘기하며 공연한 사단을 일으키고 있다. 그러나 송(宋)의 황진(黃震, 1270년 전후) 같은 사람이 《황씨일초(黃氏日鈔)》에서 자세히 논하였듯이 《효경》에 있어서의 금문과 고문은 경문에 있어서 별로 큰 차이가 없는 것이다.

당나라 현종(玄宗)도 금문본을 근거로 주를 썼다고는 하지만 금문과 고문을 다같이 놓고 검토하였던 것이다. 따라서 《사고전서총목제요》의 《고문효경지해(古文孝經指解)》에서 지적하고 있듯이 《효경》에 있어서 금문 고문의 다툼은, 그 경문에 큰 차이가 없고 그 해설을 쓴 공안국(孔安國)의 전(傳)과 정현(鄭玄)의 주가 모두 가짜라면, 학자들의 지나친 고집 때문이라 할 것이다. 청대의 엄가균(嚴可均, 1762~1843년)은 이미 없어진 〈정주(鄭註)〉를 모아 《정주집본(鄭註輯本)》을 내고 있다.

5. 《효경》의 주해서

이미 《효경》의 중요한 주해서들의 이름이 앞에 거의
다 나온 셈이지만, 지금까지 전하는 중요한 것들을 아
래에 다시 정리해 본다.

1. 《고문효경공씨전(古文孝經孔氏傳)》1권 및 《송본
고문효경(宋本古文孝經)》1권. '한(漢) 공안국(孔安國)
전(傳)' '일본 신농(信濃)의 태재순(太宰純) 서(書)'라
제(題)하고 있음. 권말의 건륭(乾隆) 병신(丙申)년
(1776) 흡현(歙縣) 포정박(包廷博)의 신간발(新刊跋)
에 의하면, 이 책은 그의 친구 왕익창(汪翼滄)이 일본
나가사키(長崎)에서 구해온 것으로 되어 있다. 앞머리
태재순(太宰純)의 서에서는 이것을 진짜 《공전고문효
경(孔傳古文孝經)》이라 하고, 송본(宋本) 고문과도 경
문에 차이가 약간 있다고 하였으나, 이것도 진짜 고문
본이 아님은 앞에서 이미 설명하였다.

2. 《효경정의(孝經正義)》3권. 당(唐) 현종(玄宗) 어
주(御註), 송(宋) 형병(邢昺) 소(疏). 십삼경주소본(十
三經註疏本). 금문을 바탕으로 한 가장 전통적인 주해
서이다. 그 주해 경위에 대하여는 앞에서 이미 설명하
였다.

3. 《고문효경지해(古文孝經指解)》1권. 편집자는 알

수 없고, 송(宋) 사마광(司馬光)의 《고문지해(古文指解)》와 범조우(范祖禹)의 《고문효경설(古文孝經說)》을 합쳐 한 권으로 다시 편찬한 것이다. 이 책으로 말미암아 송(宋)대에 고문 《효경》이 다시 중시되기 시작한다.

4. 《효경간오(孝經刊誤)》 1권. 송(宋) 주희(朱熹) 지음. 순희(淳熙) 13년(1186) 주희가 57세 때 지은 것이다. 고문 《효경》을 근거로 그 내용을 〈경(經)〉 1장과 〈전(傳)〉 14장으로 다시 정리하고, 옛 경문에서 223자를 깎아내었다. 특히 《효경》 각 장 끝머리에 인용한 《시경》의 구절들은 본시 경문이 아니었을 거라 하여 떼어 버렸다. 이것은 《대학(大學)》의 경우처럼 자기 뜻에 의한 정리이나, 성리학(性理學)의 성행과 더불어 남송(南宋) 이후의 주가(註家)들은 많은 사람이 이 책의 체제를 따르고 있다.

5. 《효경대의(孝經大義)》 1권. 원(元) 동정(董鼎) 지음. 주희의 《효경간오》를 바탕으로 하여 더 상세한 해설을 붙인 것이다. 앞에는 원(元) 웅화(熊禾)의 서문이 붙어 있다. 이 책은 곧 성리학파들의 대표적인 《효경》 주해서로 존중받게 된다. 우리나라에서도 조선시대 정조(正祖) 때를 비롯하여 성종(成宗)·인조(仁祖)·현종(顯宗)·영조(英祖)·순조(純祖)·고종(高宗) 때에 각각 수차에 걸쳐 이 책만이 판각(板刻)되어 널리 읽혀

졌다.

6. 《효경정본(孝經定本)》 1권. 원(元) 오징(吳澄) 지음. 그는 주희의 《효경간오》의 예를 따라 금문 《효경》을 근거로 하여 《효경》을 다시 정리하였다. 그는 금문본의 앞 6장을 합쳐 〈경〉 1장으로 하고, 나머지의 순서를 뒤바꾸어 〈전(傳)〉 12장으로 다시 편찬하였다. 그리고 주희가 깎아낸 172자[주희는 모두 223자를 깎아내었으나, 그 중 구절 속에 든 한두 글자를 깎아낸 것을 제하고, 한 구절 이상을 깎아낸 부분만을 모으면 172자가 된다]와 고문의 규문(閨門)장 24자는 부록으로 뒤에 붙여놓고 있다. 자기 멋대로 경문을 뒤바꾸어 놓은 것이어서 문제는 많으나, 그 해설이 간결 명확하고 조리가 서 있어 주희의 《효경간오》에 못지않은 개편본으로서의 가치를 지니고 있다는 것이 중평이다.

이밖에 청(淸) 세조(世祖, 1644~1661년 재위)의 《어주효경(御注孝經)》 1권, 세조 칙수(敕修)의 《어정효경연의(御定孝經衍義)》 100권, 세종(世宗, 1723~1735년 재위)이 지은 《어찬효경집주(御纂孝經集註)》 1권 등은 황제들이 직접 손을 댄 중요한 책들이다.

이상이 《효경》을 읽는 데 있어서 가장 중요한 대표적인 판본들이다. 이밖에도 원(元)·명(明)·청(淸)을 통하여 많은 학자들에 의한 주해서들이 나왔으나 여기에는 일일이 더이상 소개할 필요가 없을 것 같다.

　우리나라에는 현종(顯宗) 7년(1666)과 순종(純宗) 때 (1801~1834년)에 각각 간행된 역자를 알 수 없는《효경언해(孝經諺解)》와 광무(光武) 연간(1897~1906년)에 간행된《효경언히》〔작자 미상〕가 있어《효경》을 읽는 데 큰 참고가 될 줄로 믿는다. 근래의 번역으로는 평범사(平凡社)에서　간행한《사서오경(四書五經)》(1976년. 〈사서〉와 〈오경〉을 합쳐 놓은 게 어쩐지 이상하고, 거기에《효경》을 끼어넣은 것도 이상하지만) 속에 수록된 장기근(張基槿)　교수의《효경》역주(譯註)가 빼어난 역작의 하나라고 생각된다.

《효경주소(孝經注疏)》서

- 송(宋) 형병(邢昺) 등 -

《효경》이라는 것은 공자께서 지은 것이다. 이것을 지으신 취지는 이러하다. 옛날 성인 공자께서는 위대한 성덕(聖德)을 지니고 계셨는데, 시국을 잘 만나지 못하고 태어나 마침 주(周)나라 왕실이 쇠미해지고 왕의 권위가 땅에 떨어져 임금과 신하가 서로 넘보며 혼란을 일삼고, 예의와 음악이 무너져 타락한 때를 만나, 윗자리에 있는 사람들은 상과 벌을 제대로 행하지 않고, 아랫자리에 있는 사람은 올바른 것을 기리고 그릇된 것을 비판하는 일을 하지 않고 있었다. 그리하여 공자께서는 마침내 예의와 음악을 정리하고, 《시경》과 《서경》을 편찬하고, 《역경》의 도리를 밝힘으로써 도덕과 인의(仁義)의 근원을 밝히시고, 《춘추(春秋)》를 지어 임금과 신하와 아버지와 자식 사이의 법도를 바로잡았던 것이다.

부 효 경 자　　　공 자 지 소 술 작 야　　　술 작 지 지 자
夫孝經者는, **孔子之所述作也**니라. **述作之旨者**

석 성 인 온 대 성 덕　　　　생 불 우 시　　　적 치 주
는, **昔聖人蘊大聖德**이로되, **生不偶時**하고, **適値周**

실 쇠 미　　　왕 강 실 추　　　군 신 참 란　　　예 악 붕
室衰微하여, **王綱失墜**하고, **君臣僭亂**하니, **禮樂崩**

퇴　　　거 상 위 자 상 벌 불 행　　　거 하 위 자 포 폄 무
頹하여, **居上位者賞罰不行**하고, **居下位者襃貶無**

작　　　공 자 수 내 정 예 악　　　산 시 서　　　찬 역 도
作이니라. **孔子遂乃定禮樂**하고, **刪詩書**하며, **讚易道**

이 명 도 덕 인 의 지 원　　　수 춘 추　　　이 정 군
하사, **以明道德仁義之源**하고, **修春秋**하사, **以正君**

신 부 자 지 법
臣父子之法하시니라.

　그리고도 또 비록 그 법도를 안다 하더라도 그에 대한 행실을 모를까 걱정이 되시어, 마침내《효경》18장(章)을 논설하여 임금과 신하와 아버지와 자식 사이의 행실의 근거를 밝히셨던 것이다. 그래서 그 법도를 아는 사람은 그 실을 닦을 수가 있고, 그 행실에 대하여 아는 사람은 그 법도를 삼가게 되었던 것이다. 그러므로《효경위(孝經緯)》에 이르기를,

　"공자께서 말씀하셨다. '내가 제후(諸侯)들의 올바른 일을 기리고 그릇된 일을 비판하려던 뜻을 알아보려면

그것은 《춘추》에 담겨 있고, 사람으로서의 올바른 행실을 존중했던 것을 알아보려면 그것은 《효경》에 담겨 있다.' "

고 하였던 것이다. 이로써 《효경》은 비록 육경(六經) 속에 포함되어 있지는 않지만 바로 《춘추》와 표리(表裏)를 이루고 있는 것임을 알 수 있다.

又慮雖知其法이로되, 未知其行이라하여, 遂説孝

經一十八章하여, 以明君臣父子之行所寄하시니라.

知其法者는, 修其行하고, 知其行者는, 謹其法이니라.

故로 孝經緯曰 ; 孔子云 ; 欲觀我褒貶諸侯之志

면, 在春秋하고, 崇人倫之行이면, 在孝經이라하시니라.

是知孝經雖居六籍之外나, 乃與春秋爲表矣니라.

옛 선비들은 간혹 말하기를, '《효경》은 공자께서 증삼(曾參)을 위하여 논설한 것'이라 하였는데, 그것은 그 취지를 충분히 이해하지 못한 말이다. 증자(曾子)는 공자의 70명 제자들 중에서도 효행(孝行)에 가장 뛰어난 사람이다. 공자께서는 그래서 증자를 배움에

청하여 함께 묻고 대답하는 상대로 가정(假定)해 놓고
서, 〈효〉의 도(道)를 널리 밝히신 것이며, 이것을 다
해설하고 나서야 증자에게 내보이셨던 것이다.

선유혹운　부자위증삼소설　　차미진기지
先儒或云：夫子爲曾參所說이나,　**此未盡其指**

귀야　　개증자재칠십제자중　효행최저
歸也니라. **蓋曾子在七十弟子中**에, **孝行最著**하니라.

공자내가립증자　　위청익문답지인　　이광
孔子乃假立曾子하여, **爲請益問答之人**하여, **以廣**

명효도　　기설지후　　내촉여증자
明孝道하시니라. **旣說之後**엔, **乃屬與曾子**하시니라.

포악한 진(秦)나라 시황(始皇)의 분서(焚書) 정책으
로 말미암아 천하의 책들과 함께 《효경》도 다 타버렸
다. 그러나 한(漢)나라가 천명(天命)을 물려받아 다시
정묘(精妙)한 이론들이 밝혀지게 되었다. 《효경》은 하
간(河間)의 안지(顏芝)가 소장(所藏)하고 있었기 때문
에 비로소 세상에 전해지게 되었다.

자조폭진분서　　병위외진　　한응천명
泊遭暴秦焚書하여, **並爲煨燼**하니라. **漢膺天命**하

부천미언　　효경　　하간안지소장
여, **復闡微言**하니라. **孝經**은, **河間顏芝所藏**이러니,

인시전지우세
因始傳之于世라.

서한(西漢)으로부터 위(魏)나라를 거쳐 진(晉)·송(宋)·제(齊)·양(梁)에 이르는 사이에 《효경》을 주해한 사람들이 거의 백 명이나 된다. 당(唐)나라 초기에 이르기까지 그것들이 비록 비부(秘府)에 다 보존되어 있기는 하였지만 그 내용에서 일부가 빠져버린 것들이 대부분이었고, 주석서(註釋書)로는 오직 공안국(孔安國)과 정현(鄭玄) 두 사람의 책만이 세상에 전해지고 있었고, 이와 함께 양(梁)나라의 박사(博士) 황간(皇侃)의 《효경의소(孝經義疏)》가 태학(太學)에 전해지고 있었으나, 문장에 오류가 많고 논리가 정세(精細)하지 못했다.

自西漢及魏하고, 歷晉宋齊梁에, 注解之者이, 迨及百家라. 至有唐之初하여, 雖備存秘府로되, 而簡編多有殘缺하고, 傳行者唯孔安國鄭康成兩家之注하며, 幷有梁博士皇侃義疏이, 播於國序로되, 然辭多紕繆하고, 理昧精研이라.

당(唐)나라 현종(玄宗) 때에 이르러서야 여러 학자들과 학관(學官)들에게 명을 내리어 함께 모여 《효경》에 대한 토의를 하도록 하였다. 그래서 유지기(劉知幾)는 정현(鄭玄)의 주에 열 가지 과오와 일곱 가지 잘못이 있음을 논하게 되었고, 사마정(司馬貞)은 공안국(孔安國)의 주가 비천(鄙淺)하고 올바르지 않으며, 그밖의 여러 사람들의 주해(注解)도 모두 말만 그럴싸하게 하면서 함부로 천착(穿鑿)한 것임을 공격하게 되었던 것이다.

> 지당현종조　　내조군유학관　　비기집의
> 至唐玄宗朝하여, 乃詔羣儒學官하여, 俾其集議니
>
> 시이유자현변정주유십류칠혹　　사마견척
> 라. 是以劉子玄辨鄭注有十謬七惑하고, 司馬堅斥
>
> 공주다비리불경　　기여제가주해　　개영화기
> 孔注多鄙俚不經하며, 其餘諸家注解도, 皆榮華其
>
> 언　　망생천착
> 言하여, 妄生穿鑿이니라.

당 현종은 마침내 옛 선비들의 주해 중에서도 정화(精華)만을 골라내고 번거롭고 어지러운 것은 잘라내 버린 다음 그 의리(義理)가 합당한 것들만을 종합하여 가지고서 다시 주해를 하였다. 천보(天寶) 2년(743)에 《효경》의 주해가 완성되자 천하에 그것을 널리 폈고, 다시 친히 팔분(八分)의 어필(御筆)로 써서 돌비석에 새겨놓았으니, 그것이 바로 지금 경조(京兆)에 있는

석대(石臺)의 《효경》이다.

명황수어선유주중채척청영 삼거번란
明皇遂於先儒注中採摭菁英하고, **芟去煩亂**하고,

촬기의리윤당자 용위주해 지천보이
撮其義理允當者하여, **用爲注解**하시니라. **至天寶二**

년주성 반행천하 잉자팔분어찰 늑우
年注成하여, **頒行天下**하고, **仍自八分御札**로, **勒于**

석비 즉금경조석대효경시야
石碑하니, **卽今京兆石臺孝經是也**니라.

한림시강학사조청대부수국자좨주상주국사금
翰林侍講學士朝請大夫守國子祭酒上柱國賜金

어대신형병등봉칙교정주소
魚袋臣邢昺等奉勅校定注疏

손석(孫奭) 서

《효경》이라는 것은 온갖 행실의 으뜸되는 것이고,
오륜(五倫)의 바탕이 되는 것이다. 옛날부터 공자께서
지으셔서 후세에 규범(規範)을 드리운 것이라서 오묘
한 뜻과 미묘한 표현이 이미 주소(注疏)에 다 해설되
어 있다. 그러나 문장이 고상하고 뜻이 고원(高遠)하여
후학들은 토론을 제대로 하기가 어렵다. 이제 특별히
원래의 해설을 가려 뽑고 여러 책들을 널리 인용하며

주석(注釋)을 나누어 경문 사이에 끼어넣고 귀착되는
결론을 수합하여 가지고 전체적으로 해설하고 차례대
로 풀이하여 이를 강의(講義)라 부르는 바이다.

효경자　　백행지종　　오교지요　　자석공
孝經者는, 百行之宗이오, 五敎之要니라. 自昔孔

자술작　　수범장래　　오지미언　　이비해
子述作하사, 垂範將來하시니, 奧旨微言이, 已備解

호주소　　상이사고지원　　후학란진토론
乎注疏로되, 尙以辭高旨遠하여, 後學亂盡討論이니

금특전절원소　　방인제서　　분의착경
라. 今特翦截元疏하고, 旁引諸書하고, 分義錯經하고,

회합귀취　　일의강설　　차제해석　　호지
會合歸趣하여, 一依講說하고, 次第解釋하여, 號之

위강의야
爲講義也니라.

성도부학주향공부주봉우찬
成都府學主鄕貢傅注奉右撰

주　청(淸)대 주이존(朱彝尊, 1629~1709)의《경의고(經義
　考)》에 의하면 손석(孫奭)의 서(序)인데, 판본에 따
　라 "성도부학주향공부주봉우찬(成都府學主鄕貢溥注奉
　佑撰)"이라 쓰고 있다고 한다.
　　그리고 이 서문은 형병 등의 서 앞쪽에 끼어있는 판
　본도 있다.

《효경》 서

– 당(唐) 현종(玄宗) –

　내가 듣건대, 상고(上古)시대에는 그 풍속이 소박하고 간략해서, 비록 친애(親愛)의 정을 통한 〈효〉의 마음은 이미 싹이 텄으나 공경하는 뜻을 표시할 예(禮)는 아직도 간단하였다. 그러나 인(仁)·의(義)의 윤리가 생겨남에 이르러서는〔하(夏)·은(殷)·주(周)의 삼대(三代)에〕, 서로 친애하고 서로 기리는 행위가 더욱 드러나게 되었다. 그때 성인(聖人)께서는 〈효〉야말로 사람들을 교화시킬 수 있는 것임을 알았기 때문에, 부모에 대한 존엄(尊嚴)한 생각을 근거로 널리 공경(恭敬)을 가르쳤고, 부모에 대한 친애의 정을 근거로 널리 사랑을 가르치었다. 이에 〈효〉의 종순(從順)함을 미루어 나아가 〈충〉의 도를 밝히었고, 또 입신양명(立身揚名)의 뜻도 드러내었다.

　　　짐 문　　　상 고 기 풍 박 략　　　수 인 심 지 효 이 맹
　　朕聞컨대, 上古其風朴略하니, 雖因心之孝已萌이

이 자 경 지 예 유 간   급 호 인 의 기 유   친
나, 而資敬之禮猶簡하니라. 及乎仁義旣有하여, 親

예 익 저   성 인 지 효 지 가 이 교 인 야   고
譽益著하니라. 聖人知孝之可以敎人也하시니, 故로

인 엄 이 교 경   인 친 이 교 애   어 시 이 순 이
因嚴以敎敬하고, 因親以敎愛하시니라. 於是以順移

충 지 도 소 의   입 신 양 명 지 의   창 의
하여, 忠之道昭矣하고, 立身揚名之義이, 彰矣니라.

공자께서 말씀하시기를, "나의 뜻은 《춘추(春秋)》에
표현되어 있고, 행실은 《효경》에 표현되어 있다."〔《구
명결(鉤命訣)》에 보이는 말〕고 하였으니, 이로써도 〈효〉
란 것은 덕(德)의 근본임을 알겠다.

자 왈   오 지 재 춘 추   행 재 효 경   시
子曰 : 吾志在春秋요, 行在孝經이라하시니라. 是

지 효 자   덕 지 본 여
知孝者는, 德之本歟인저.

《효경》에 이르기를, "옛날에 명철한 임금은 〈효〉로
천하를 다스림에 있어서, 감히 작은 나라의 신하라 할
지라도 소홀히 대하지 않았으니, 하물며 공(公)·후
(侯)·백(伯)·자(子)·남(男)의 제후(諸侯)들을 소홀히
하겠는가?"(제8장에 보임) 하였는데, 나는 일찍이 이
대목에 이르면 이 말을 세 번이나 반복하여 음미(吟味)

하곤 하였는데, 옛 명철한 임금들이 하셨던 대로 잘 실
천해 보고자 함에서였다. 비록 백성들에게 덕교(德敎)
를 베푼 것은 없다고 하더라도 광대한 사랑이 온 세상
에 드러나기를 바라고 있다.

경왈　석자명왕지이효리천하야　　불감유소
經曰：昔者明王之以孝理天下也엔, 不敢遺小
국지신　　이황어공후백자남호　　짐상삼복사
國之臣하니, 而況於公侯伯子男乎아? 朕嘗三復斯
언　　영행선철　　수무덕교가어백성
言하니, 景行先哲이니라. 雖無德敎加於百姓이라도,
서기광애형우사해
庶幾廣愛形于四海니라.

아아! 공자께서 돌아가시자 정묘(精妙)한 이론이 끊
기고 이단적(異端的)인 학설들이 생겨나서 대의(大義)
가 무너져 버렸다. 더욱이 진(秦)나라에 이르러 모든 전
적(典籍)들이 멸실되어 버리고[진시황(秦始皇)의 분서
(焚書)를 가리킴] 남은 것이란 모두가 타다가 남은 찌
꺼기들이었다. 한(漢)나라로 들어와 다시 전적들을 모아
들이기 시작했으나 모두가 찌꺼기 같은 나머지들이었다.

차호　　부자몰이미언절　　이단기이대의괴
嗟乎아! 夫子沒而微言絶하여, 異端起而大義乖

하니라. 況泯絶於秦하여는, 得之者이, 皆煨燼之末이
_{황 민 절 어 진　　　득 지 자　　개 외 신 지 말}

라. 濫觴於漢이나, 傳之者皆糟粕之餘니라.
_{남 상 어 한　　　전 지 자 개 조 박 지 여}

　그러므로 공자께서 지은 《춘추(春秋)》도 다섯 가지
해설을 바탕으로 한 학파(學派)가 생겨났고[좌씨전(左
氏傳)·공양전(公羊傳)·곡량전(穀梁傳)·추씨전(鄒
氏傳)·협씨전(夾氏傳). 뒤의 두 가지는 전해지지 않
음], 《시경(詩經)》은 네 학파로 갈라졌으니[모시(毛
詩)·한시(韓詩)·제시(齊詩)·노시(魯詩)의 네 가지],
성인의 시대로부터 멀어져 갈수록 파별(派別)만이 더
욱 나뉘어지게 된 것이다.

故로 魯史春秋도, 學開五傳하고, 國風雅頌도, 分
_{고　 노 사 춘 추　　학 개 오 전　　　국 풍 아 송　　분}

爲四詩라, 去聖逾遠하여는, 源流益別하니라.
_{위 사 시　　거 성 유 원　　　원 류 익 별}

　근래의 《효경》의 옛 주(注)들[금문(今文) 《효경》의
정현(鄭玄) 주 및 고문(古文) 《효경》의 공안국(孔安國)
주. '해제' 참조할 것]을 보건대, 잘못된 곳이 매우 많
은데도 선인(先人)들의 업적을 그대로 계승하여 자기
이론을 전개한 사람들이 거의 백명에 이르고, 이를 전문

으로 표방하는 사람만도 거의 열명에 이르고 있다.

　　　　근 관 효 경 구 주　　준 박 우 심　　지 어 적 상 조
　近觀孝經舊注컨대, **蹲駁尤甚**이어늘, **至於跡相祖**
　술　　태 차 백 가　　업 천 전 문　　유 장 십 실
　述이, **殆且百家**하고, **業擅專門**이, **猶將十室**이라.

공자의 본 뜻을 파악하려는 자들은 모두 그 집의 대
문은 열지 못하고 함부로 곁문과 창문이나 열어젖히고
있고, 공자의 올바른 도를 뒤쫓으려는 자들은 모두 다
른 길을 쫓아 달리고 있다. 그래서 위대한 도는 숨기어
지고 작은 도만이 이루어지고, 올바른 이론은 감추어지
고 거짓된 이론만이 드러나고 있는 것이다.

　　　　희 승 당 자　　필 자 개 호 유　　반 일 가 자　　필 빙
　希升堂者는, **必自開戶牖**하고, **攀逸駕者**는, **必騁**
　수 궤 철　　시 이 도 은 소 성　　언 은 부 위
　殊軌轍이라. **是以道隱小成**하고, **言隱浮僞**하니라.

또한 경전(經典)의 해석은 그 뜻이 경전 전체에 통
달되어야 하며, 그 뜻은 반드시 합당한 논리를 위주로
하여야 한다. 지극히 합당한 원리는 하나로 귀착되고,
정묘(精妙)한 뜻에는 두 가지가 있을 수가 없는 것이
다. 어찌 그 쓸데없는 것들을 깎아내어 버리고 그 요점
을 추려내지 않을 수가 있겠는가?

차 전 이 통 경 위 의   의 이 필 당 위 주   지 당
且傳以通經爲義하고, **義以必當爲主**니라. **至當**

귀 일   정 의 무 이   안 득 부 전 기 번 무   이
歸一하고, **精義無二**니라. **安得不翦其繁蕪**하여, **而**

촬 기 추 요 야
撮其樞要也리오?

오(吳)나라 위소(韋昭)와 위(魏)나라 왕숙(王肅)은 옛 선비들 중에서도 《효경》 해설에 있어서는 영수급(領袖級)이라 할 수 있고, 오(吳)나라 우번(虞飜)과 위(魏)나라 유소(劉紹:원문은 邵)는 또 그들 다음가는 급이라 할 것이다. 수(隋)나라 유현(劉炫)은 고문(古文)《효경》 공안국(孔安國)의 주(注)의 본 뜻을 밝히었고, 제(齊)나라 육징(陸澄)은 금문(今文)《효경》 정현(鄭玄)의 주를 공격했다. 그러나 이치에 있어서 간혹 합당한 곳이 있다 하더라도 어찌 꼭 남의 학설을 끌어들일 필요까지 있겠는가?

위 소 왕 숙   선 유 지 영 수   우 번 유 소   억 우 차
韋昭王肅은, **先儒之領袖**요, **虞飜劉邵**는, **抑又次**

언   유 현 명 안 국 지 본   육 징 기 강 성 지 주
焉이라. **劉炫明安國之本**하고, **陸澄譏康成之注**하니

재 리 혹 당   하 필 구 인
라. **在理或當**이라도, **何必求人**고?

그래서 지금 특히 6명의 학자(위소·왕숙·우번·유
소·유현·육징)의 학설의 이동(異同)을 드러내고, 오
경(五經)의 요지(要旨)를 한데 합쳐 그 문장을 간략히
하고 뜻이 잘 통하도록 하니, 경(經)의 뜻이 분명해졌
다. 그 주해(注解)를 쪼개어 경문(經文) 사이에 끼어
놓으니 이치에 조리가 서고 뜻이 관통되게 되었다. 이
것을 돌에 새기도록 하는 것은 장래에 도움이 될 것을
희망하기 때문이다[지금도 천보(天寶) 4년(745)에 돌
에 새겨놓은 어주(御註) 《효경》이 서안(西安) 부학(府
學) 터에 남아 있음].

今故特擧六家之異同하고, 會五經之旨趣하여,
約文敷暢하니, 義則昭然이라. 分注錯經하니, 理亦
條貫이라. 寫之琬琰은, 庶有補於將來니라.

또한 공자께서 육경(六經)에 대하여 말씀하신 것은
그 뜻으로 후세에 교훈을 주려는 데 있다. 비록 사람들
의 다섯 가지 신분(천자·제후·경대부·사·서인)에
따른 〈효〉의 효용은 서로 다르지만 〈효〉가 모든 행실
의 근원이 된다는 점에 있어서는 조금도 다름이 없다.
그래서 한 장(章) 가운데에 모두 수구(數句)의 말이 있

고, 한 구(句) 안에도 몇 가지 뜻을 아울러 밝힌 것이
있다. 이에 대한 해설을 모두 실으면 문장이 복잡해지
고, 그것을 생략하고 보면 뜻에 대한 설명을 빠뜨리게
된다. 여기에는 이전 해설을 그대로 둠으로써 뜻을 널
리 밝혀내도록 하였다.

且夫子談經은, 志取垂訓이시니라. 雖五孝之用則
別이나, 而百行之源은, 不殊하니라. 是以一章之中
에, 凡有數句하고, 一句之內에, 意有兼明이니라. 具
載則文繁하고, 略之又義闕이라. 今存於疏하여, 用
廣發揮니라.

제1장

개종명의(開宗明義)-〈효〉의 근본

중니(仲尼 : 공자의 자)께서 한가이 계실 적에 증자(曾子)가 모시고 앉아 있었다. 공자께서 말씀하시었다.

"선왕(先王)들에게는 지극한 덕(德)과 중요한 도(道)가 있어서 그것으로써 천하를 순조로이 다스리었으니, 백성들은 그래서 화목을 도모하고 위아래로 원한이 없었다. 너는 그것을 아느냐?"

증자가 자리를 피하면서 말하였다.

"저는 불민(不敏)하온데 어찌 그런 것을 알 수가 있겠습니까?"

공자께서 말씀하시었다.

"〈효〉라는 것은 덕의 근본이며, 가르침이 생겨나는

바탕인 것이다. 다시 앉거라. 내 너에게 얘기해 주마.

　사람의 신체와 머리털과 피부는 모두 부모에게서 받은 것이니, 감히 이것을 손상시키지 않는 일이야말로 〈효〉의 시작인 것이다.

　몸을 올바로 간수하고 도(道)를 행하여 후세에까지 이름을 드날림으로써 부모님도 드러나게 하는 것이 〈효〉의 끝맺음인 것이다.

　〈효〉라는 것은 어버이를 섬기는 데서 시작하여, 다음으로는 임금을 섬기고, 끝으로는 자신을 올바로 간수하는 것이다.

　《시경(詩經)》 대아(大雅)에 이르기를, '그대들 할아버지 생각을 않는가? 그분 받드는 덕을 닦아야만 하네.'라 하였다."

원문

중니 거　　　　증자 시
仲尼①居②시어늘, 曾子③侍④러라.

자왈　선왕　유지덕요도　　이순 천하
子曰 : 先王⑤有至德要道⑥하여, 以順⑦天下하니,

민 용화목　　상하무원　　여지지호
民用和睦하고, 上下無怨이니라. 汝知之乎아?

증자피석 왈　삼 불민　　하족이지지
曾子避席⑧曰 : 參⑨不敏이어늘,　何足以知之리이까?

자왈 부효 덕지본 야 교지소유생 야
子曰 ; 夫孝는, 德之本⑩也요, 敎之所由生也니

부좌 오어여
라. 復坐하라, 吾語汝하리라.

신체발부 수지부모 불감훼상 효지시
身體髮膚는, 受之父母니, 不敢毁傷이, 孝之始

야
也니라.

입신 행도 양명어후세 이현 부모
立身⑪行道하여, 揚名於後世하여, 以顯⑫父母이,

효지종 야
孝之終也니라.

부효 시어사친 중어사군 종어립
夫孝는, 始於事親하여, 中於事君하고, 終於立

신
身하니라.

대아 운 무념이조 율 수궐덕
大雅⑬云 ; 無念爾祖아? 聿⑭脩厥德⑮하라 하니라.

주 ① 仲尼(중니)–공자의 자. 이름은 구(丘)임.
② 居(거)–'한거(閒居)'로 된 판본도 있으며, 한가이
계시는 것.
③ 曾子(증자)–공자의 제자. 이름은 삼(參), 자는 자
여(子輿), 노(魯)나라 무성(武城) 사람으로 그의 아

버지 증점(曾點)도 공자에게 배움. 특히 효행(孝行)에 뛰어났던 사람으로 유명하며, 그의 학문을 공자의 손자 자사(子思)에게 전하였다.《대학(大學)》을 저술했다고 한다.

④ 侍(시)−'시좌(侍坐)'로 된 판본도 있으며, 모시고 앉아 있는 것.

⑤ 先王(선왕)−옛날의 훌륭한 임금들. 요(堯)・순(舜)・우(禹)・탕왕(湯王)・문왕(文王)・무왕(武王) 등을 말한다.

⑥ 至德要道(지덕요도)−지극한 덕과 중요한 도. 모두〈효〉를 가리킴. 정주(鄭注)에 '효는 덕의 지극함이고, 도의 요체(要諦)이다(孝者德之至, 道之要也)'라고 하였다.

⑦ 順(순)−순조롭게 다스리다. 따르게 하다.

⑧ 避席(피석)−자리를 피하다. 손윗사람의 물음에 대답할 적에는 앉았던 자리를 피하여 일어나 대답하는 것이 옛날의 예였다.

⑨ 參(삼)−증자의 이름. 자기 자신을 가리킴.

⑩ 德之本(덕지본)−덕의 근본. 이 대목은《논어(論語)》학이(學而)편에서 유자(有子)가 말한 "효도와 우애라는 것은 인을 행하는 근본이다."고 말하고 "근본이 서야만 올바른 도(道)가 생긴다."고 한 말을 연상케 한다.

⑪ 立身(입신)−올바로 자기 몸을 간수하다.

⑫ 顯(현)−드러내다. 빛내다.

⑬ 大雅(대아)−《시경(詩經)》대아 문왕(文王)편에 보

이는 구절임.

⑭ 聿(율)―어조사. 월(粵)·왈(曰) 등과 통하며, '이에' 정도의 뜻.

⑮ 厥德(궐덕)―그 덕. 할아버지를 잘 받들어 모시는 덕. 곧 조상에 대한 〈효〉를 가리킴.

해의 이 첫 장에서는 공자와 증자의 대화를 통하여 〈효〉에 대한 해설이 시작되고 있다. 증자가 공자의 제자 중에서도 가장 효행에 뛰어났던 학자이며, 후세에 종성(宗聖)이라 부를 만큼 공자 학문의 정통을 계승한 학자였음을 생각할 때 있을 법한 일이라 할 것이다.

공자는 먼저 〈효〉란 옛 성왕(聖王)들이 세상을 다스리고 백성들을 교화하던 가장 지극한 덕(德)이요, 가장 중요한 도(道)임을 강조한다. 그리고는 자식이란 직접 부모에게서 태어난 것이라는 가장 초보적인 관계에서부터 〈효〉의 해설을 시작하고 있다.

자기의 몸은 자기 개인의 것만이 아니고 "부모에게서 직접 물려받은 것"이라는 생각에서 자기 몸의 털이나 피부까지도 손상시키지 않겠다는 마음가짐을 지녀야만 하는 것이다. 이것은 자신의 몸을 위하는 데 그치지 않고 자기를 낳아준 부모를 생각하는 초보적인 동기가 되기 때문에, 자기 몸의 털이나 피부까지도 손상시키지 않는 것이 〈효〉의 출발이라는 것이다.

《논어》 태백(泰伯)편을 보면 증자는 중병이 들어
자신의 죽음을 미리 짐작하고는 제자들을 불러 자기
의 손과 발을 다시 한번 펴보게 한다. 평생 자신이 조
심스럽게 간직하여온 부모의 분신(分身)이 최후의 순
간까지도 조금도 손상되지 않고 잘 보전되었는가를
최후로 다시 한번 확인하자는 뜻에서였다. 이러한 마
음가짐만 서있다면 부모를 섬기는 데 있어서의 다른
자잘한 일들은 문제가 되지 않을 것이다.

끝으로 공자는 이러한 부모와 자식 사이의 관계를
세상에 널리 펴나감으로써 온 세상을 평화롭게 다
스릴 수 있다고 믿었다. 이 자식으로서의 부모를 섬기
는 〈효〉의 마음을 임금에게 적용시키면 〈충〉이 되고,
친구 사이에 적용시키면 〈신(信)〉이 된다고 생각한
것이다.

이러한 〈효〉를 바탕으로 한 〈충〉·〈신〉 등을 실천
하는 사람은 자연 그 개인도 자신을 올바르게 간수하
여 훌륭한 일을 할 수 있게 될 것이다. 이러한 개인의
몸을 올바로 간수하는 일은 부모와 조상들까지도 영
광을 누리게 할 뿐만 아니라 후손들에게까지도 은덕
이 된다. 그래서 공자는 "효라는 것은 어버이를 섬기
는 데서 시작하여, 다음으로는 임금을 섬기고, 끝으로
는 자신을 올바로 간수하게 하는 것"이라 설명하고

있는 것이다.

《예기(禮記)》제의(祭義)편을 보면 증자의 다음과 같은 말이 기록되어 있는데, 이 첫장의 〈효〉의 정신을 이해하는 데 큰 도움이 될 것이다.

"자기 몸이라는 것은 부모가 남겨준 몸인 것이다. 부모가 남겨준 몸을 갖고 행동하는 데 있어서 감히 공경하지 않을 수가 있겠는가? 평소 살아가는 데 있어서 장경(莊敬)하지 않으면 〈효〉가 아니다. 임금을 섬김에 충성되지 않으면 〈효〉가 아니다. 관직을 지킴에 있어 공경하지 않으면 〈효〉가 아니다. 친구들 사이에 서로 공경하지 않으면 〈효〉가 아니다. 전진(戰陣)에 임하여 용기가 없다면 〈효〉가 아니다. 이상 다섯 가지를 완수하지 못하면 재난이 그의 어버이에게까지 미칠 것이니, 감히 공경하지 않을 수가 있겠는가?"

〔身也者는, 父母之遺體也니라. 行父母之遺體어늘, 敢不敬乎아? 居處不莊은, 非孝也요, 事君不忠은, 非孝也요, 蒞官不敬은, 非孝也요, 朋友不敬은, 非孝也요, 戰陣無勇은, 非孝也니라. 五者不遂면, 災及其親이리니, 敢不敬乎아?〕

그리고《효경》의 각 장 끝머리는 대부분이《시경》이나《서경》의 구절을 인용하여 대의(大義)를 증언하

고 있다. 여기에서 《시경》의 한 구절을 인용한 것은
자기의 〈효〉 사상이 이미 옛날 경전(經傳)에도 강조
되었음을 증명하기 위한 것이다.

　장명(章名)인 '개종명의(開宗明義)'는 〈효〉의 '근본
을 개장(開張)하여 그 뜻을 밝힌다'는 뜻이다. 따라서
이 제1장은 《효경》 전체의 서설(序說)에 해당하는 성
격의 것이다.

제 2 장

천자(天子) ─ 천자로서의 〈효〉

공자께서 말씀하시었다.

"어버이를 사랑하는 사람은 감히 남을 미워하지 아니하고, 어버이를 공경하는 사람은 감히 남을 업신여기지 않는다.

사랑과 공경을 어버이를 섬기는 일에 다하면 그의 덕(德)의 교화(敎化)가 백성에게 가해져서 온 세상의 법도가 된다.

이것이 천자의 〈효〉인 것이다.

《서경(書經)》 보형(甫刑)에 이르기를, '한 사람이 훌륭하면 만백성이 그를 의지하게 된다'고 하였다."

원문
자왈　애친자　　불감오어인　　　경친자
子曰：愛親者는, 不敢惡於人①하고, 敬親者

불감만　어인
는, 不敢慢②於人이니라.

애경진어사친　　이덕교가어백성　　　형
愛敬盡於事親하면, 而德敎加於百姓하여, 刑③

우사해
于四海하니라.

개천자지효야
蓋天子之孝也니라.

보형　운　일인유경　　　조민뢰　지
甫刑④云：一人有慶⑤이면, 兆民賴⑥之라 하니라.

주　① 惡於人(오어인)－사람들에 대하여 미워하다. 남을
　　미워하다.
　② 慢(만)－공경의 반대. 업신여기다. 가벼이 여기다.
　③ 刑(형)－의법(儀法)이 되다. 법도가 되다. 모범이
　　된다.《이아(爾雅)》에는 "형(刑)은 법(法)이다."고
　　풀이하고 있다.
　④ 甫刑(보형)－《서경(書經)》주서(周書) 여형(呂刑)
　　편. 여후(呂侯)의 형서(刑書)라는 뜻에서 '여형'이
　　라 부르나 뒤에 여후의 자손이 보(甫)의 제후가 되
　　었기 때문에 '보형'이라고도 부르게 되었던 것이다.
　⑤ 慶(경)－선(善)의 뜻. 훌륭한 것. 선한 것.
　⑥ 賴(뢰)－의뢰하다. 의지하다.

해의 이 장에서는 천자로서의 〈효〉를 해설하고 있다. 곧 천자는 어버이를 섬기는 〈효〉를 바탕으로 하여 천하를 다스려야 한다는 것이다. 왜냐하면 어버이를 사랑하는 마음가짐을 갖고 있으면 결국 널리 모든 사람들을 사랑할 수 있게 되고, 어버이를 공경하는 마음가짐을 갖고 있으면 다시 모든 사람들을 위할 수 있게 되기 때문이다. 형병(邢昺)의 《소(疏)》에서 첫머리에 공자가 말한 "어버이를 사랑하는 사람"이란 "천자로서 사랑과 공경을 몸소 실천하는 것(天子·身行愛敬也)"이라 설명하고 있다.

따라서 천자가 자신의 〈효〉를 바탕으로 하여 정치를 할 때 온 세상은 그의 덕에 의하여 교화되게 된다는 것이다. 《서경》에서 말한 '한 사람'이란 곧 임금 또는 천자를 가리킨다. 천자가 〈효〉를 행하면 자연히 그 〈효〉의 덕이 다른 일에까지도 확충(擴充)되게 되고, 그러면 만백성이 그의 덕에 의지하게 되고 그를 따르게 된다는 것이다.

제 3 장

제후(諸侯) — 제후로서의 〈효〉

윗자리에 있으면서도 교만하지 아니하면 높으면서도 위태롭지 아니하고, 비용을 절제하고 재물을 쓰는 절도를 삼가면 가득 차면서도 넘치지 아니한다.

높으면서도 위태롭지 아니하면 그럼으로써 오래도록 존귀함을 지키게 될 것이며, 가득 차면서도 넘치지 아니하면 그럼으로써 오래도록 부함을 지키게 될 것이다.

부(富)와 귀(貴)가 그의 몸에서 떠나지 않게 되어야만 그의 사직(社稷)을 보전하고 그의 백성을 화평케 할 수가 있는 것이다.

이것이 제후의 〈효〉인 것이다.

《시경》에 이르기를, '두려워하고 조심하기를 깊은 못에 가까이 가듯, 얇은 얼음을 밟고 가듯 한다'고 하였다.

원문
재상불교　　고이불위　　제절　근도
在上不驕①면, 高而不危하고, 制節②謹度③면,

만이불일
滿而不溢이니라.

고이불위　　소이장 수귀야　　만이불일
高而不危는, 所以長④守貴也요, 滿而不溢은,

소이장수부야
所以長守富也니라.

부귀불리기신　　연후능보기사직　　　　이
富貴不離其身하면, 然後能保其社稷⑤하고, 而

화기민인
和其民人이니라.

개제후지효야
蓋諸侯之孝也니라.

시　운　전전 긍긍　　여림심연　　여리
詩⑥云;戰戰⑦兢兢⑧하여, 如臨深淵하고, 如履⑨

박빙
薄冰이라 하니라.

주　① 驕(교)－교만하다. 무례한 것. 형병(邢昺)은 "무례
　　하여 교만한 것이다(無禮爲驕)."라고 하였다.
　② 制節(제절)－비용을 절제하다. 검약하다.

③ 謹度(근도)－법도를 삼가다. 재물을 쓰는 절도를 삼가 지키다.

④ 長(장)－오래도록. 영원히.

⑤ 社稷(사직)－사(社)는 토신(土神), 직(稷)은 곡신(穀神). 천자와 제후는 옛날부터 사직단(社稷壇)을 만들어 놓고 나라의 풍년을 빌기 위하여 토신과 곡신에게 제사지내었다. 그 때문에 사직을 지킨다는 것은 그의 나라나 자신의 왕위를 지킨다는 뜻과 같은 말이 되었다.

⑥ 詩(시)－《시경》 소아(小雅) 소민(小旻)편에 보이는 구절.

⑦ 戰戰(전전)－두려워서 떠는 모양.

⑧ 兢兢(긍긍)－몹시 조심하고 삼가는 모양.

⑨ 履(리)－밟다. 밟고 가다.

해의 여기서는 제후(諸侯)로서의 〈효〉를 해설하고 있다. 제후가 부모에게 진실로 효도를 행하면, 자신이 높은 자리에 있으면서도 교만하지 않고, 온 나라의 부를 갖고 있으면서도 검약할 줄 알게 된다. 임금이면서도 교만하지 아니하면 자연히 신하들도 모두 예를 지키게 되어 그의 높은 지위가 위태롭게 되는 일이 없게 될 것이다. 임금으로서 검약을 하면 나라의 재정이 낭비되는 일이 없게 되어 나라가 부하게 될 것이다. 백성들이 모두 임금을 본받고 임금을 따르며 나라가 부하게 될 것이다.

그러므로 제후가 〈효〉를 바탕으로 하여 예에 알맞게 행동하고 비용을 절약하면 자신도 오래도록 왕위를 보전케 될 뿐만 아니라 백성들도 모두 화평을 누리게 된다는 것이다.

《서경》 홍범(洪範)편에 보이는 여덟 가지 정사[八政] 중 첫째가 먹는 것[食]이고, 둘째가 재물[貨]이니, 옛날부터 정치에는 재정(財政)이 가장 중요하다고 생각하였다.

여기에서 보면 제2장 천자(天子), 제3장 제후(諸侯)의 〈효〉을 구분하고, 천자의 경우는 〈효〉의 사랑과 공경이라는 근본 정신, 제후의 경우는 사랑과 공경에서 한 발자국 더 나아가 교만하지 아니하고 검약하는 행위에서부터 각각 그들의 〈효〉를 해설하고 있다.

〈효〉의 기본 정신은 천자나 제후는 물론 백성에게까지 모두 적용되는 것이지만, 상대방 신분의 큰 차이를 근거로 〈효〉의 해설 차원을 달리하고 있는 것이다.

제 4 장

경대부(卿大夫) — 경대부로서의 〈효〉

선왕(先王)의 법도에 맞는 옷이 아니면 감히 입지 아니하고, 선왕의 법도에 맞는 말이 아니면 감히 말하지 아니하며, 선왕의 덕에 맞는 행동이 아니면 감히 행하지 아니한다.

그러므로 법도에 어긋나는 것은 말하지 아니하고, 도에 어긋나는 일은 행하지 아니하여 입은 가려서 말할 것이 없고 몸은 가려서 행할 일이 없게 되어야 한다.

그리하여 말이 천하에 가득 차더라도 입의 과오(過誤)가 없게 되고, 행동이 천하에 가득 차더라도 원한이나 미움이 없게 되는 것이다.

세 가지가 갖추어진 다음에야 그의 종묘(宗廟)를 지킬 수 있게 되는 것이다.

이것이 경대부(卿大夫)의 〈효〉인 것이다.

《시경》에 이르기를, "새벽부터 밤늦도록 게을리하지 않고, 한 사람을 섬긴다."고 하였다.

원문

비 선 왕 지 법 복
非先王之法服①이면,
불 감 복
不敢服하고,
비 선 왕 지
非先王之

법 언
法言②이면,
불 감 도
不敢道③하며,
비 선 왕 지 덕 행
非先王之德行이면,
불 감
不敢

행
行이니라.

시 고
是故로
비 법 불 언
非法不言하고,
비 도 불 행
非道不行하여,
구 무 택
口無擇

언
言④하고,
신 무 택 행
身無擇行이니라.

언 만 천 하
言滿天下라도,
무 구 과
無口過⑤하고,
행 만 천 하
行滿天下라도,
무
無

원 오
怨惡⑥니라.

삼 자
三者⑦
비 의
備矣,
연 후
然後에
능 수 기 종 묘
能守其宗廟⑧니라.

개 경 대 부
蓋卿大夫⑨
지 효 야
之孝也니라.

시
詩⑩
운
云;
숙 야
夙夜⑪
비 해
匪懈⑫하여,
이 사 일 인
以事一人⑬이라 하니라.

주 ① 法服(법복) - 법도에 맞는 옷. 예법에 맞는 옷.

② 法言(법언) - 바른 말. 법도나 예법에 맞는 말.

③ 道(도) - 말하다.

④ 口無擇言(구무택언) - 입은 가리어 하는 말이 없다. 곧 선왕의 법도에 맞는 것만을 말하여 다시 따로 가릴 것이 없음을 뜻한다.

⑤ 口過(구과) - 입의 과오. 말하는 과실.

⑥ 怨惡(원오) - 원한과 미움.

⑦ 三者(삼자) - 세 가지 것. 곧 선왕의 법도에 맞는 옷[법복(法服)]과 말[법언(法言)]과 행동[덕행(德行)]의 세 가지. 《중용》에 "군자는 움직이면 세상에서는 천하의 도로 받아들이고, 그의 행실은 세상에서는 천하의 법도로 받아들이고, 그의 말은 세상에서는 천하의 준칙(準則)으로 받아들인다."고 하였다.

⑧ 宗廟(종묘) - 조상을 제사지내는 묘당(廟堂). 경대부들은 누구나 종묘에서 조상에게 제사를 지냈으므로, '종묘를 지킨다'는 것은 곧 '자기 집안을 잘 지켜 나가는 것'을 뜻한다.

⑨ 卿大夫(경대부) - 옛 봉건주의(封建主義) 시대에는 천자가 제후들에게도 나라를 봉(封)해 주었지만, 경대부들에게도 모두 크고 작은 고을을 채읍(采邑)으로 주어 그 고을을 다스리었다. 따라서 천자가 천하를 다스렸다면 제후는 국(國), 경대부는 가(家)를 다스렸다. 경대부는 곧 나라의 집정대신(執政大臣)이다.

⑩ 詩(시)─《시경》 대아(大雅) 증민(烝民)편에 보이는 구절.

⑪ 夙夜(숙야)─이른 새벽부터 밤늦게까지. 후세에는 '부지런히'라는 뜻의 관용어(慣用語)처럼 변하였다.

⑫ 匪懈(비해)─비(匪)는 비(非)와 통하는 부정사. 따라서 게을리하지 않다, 태만하지 않다의 뜻.

⑬ 一人(일인)─천자를 가리킴.

해의 경대부의 〈효〉는 법도에 맞는 예복과 법도에 맞는 말과 법도에 맞는 행동의 세 가지로 이루어진다는 것이다. 신분이 낮아질수록 〈효〉의 해설이 세절(細節)을 바탕으로 이루어지고 있다.

　여기에서 옷을 이처럼 중시하고 있는 것은 예(禮)를 존중하는 유가에게 있어 옷은 바로 몸의 의표(儀表)로써 그의 신분을 상징하기 때문이다. 옛날부터 중국에는 예복으로 조복(朝服)·예복(禮服)·제복(祭服)·상복(喪服)·조복(弔服) 등이 있었고, 신분에 따라 모두 다른 채색과 무늬가 사용되었다.

　따라서 옷은 바로 중국의 예를 대표하고 있어서, 당(唐) 현종(玄宗)은 《효경》의 이 대목 주(注)에서 "경대부로서는 예법을 준수하여 감히 위를 넘보거나 아래를 억누르는 짓을 하지 말아야 함을 뜻한다.(言卿大夫遵守禮法하여, 不敢僭上偪下니라.)"고 해설하고 있다.

〈효〉에 있어 말과 행동이 중요하다는 것은 두말할 것도 없는 일이다. 올바른 말을 하여 신의를 지키고, 덕에 어긋나지 않는 행동을 하면 〈효〉가 이루어지고 자기 집안을 잘 보전하게 될 것이다. 경대부들은 〈효〉를 이룩하여 백성을 위해 일하는 한편 《시경》에 노래하고 있듯이 '부지런히 임금을 섬기는 일'에 노력하여야만 할 것이다.

제 5 장

사(士) — 사로서의 〈효〉

아버지를 섬기는 것을 바탕으로 하여 어머니를 섬기되 사랑하는 마음이 같아야 하며, 아버지를 섬기는 것을 바탕으로 하여 임금을 섬기되 공경하는 마음이 같아야 한다.

그러므로 어머니는 그 사랑하는 마음을 취하고 임금은 그 공경하는 마음을 취하는데, 이것들을 겸하고 있는 것은 아버지인 것이다.

그래서 〈효〉로써 임금을 섬기면 곧 충(忠)이 되고, 공경하는 마음으로써 어른을 섬기면 순(順)이 되는 것이다.

〈충〉과 〈순〉을 잃지 않고 그의 윗사람을 섬기어야만 그의 녹(祿)과 벼슬을 보전하고 그의 제사를 지킬 수가 있게 될 것이다.

이것이 사(士)의 〈효〉인 것이다.

《시경》에 이르기를, "새벽 일찍 일어나 밤늦게 자기까지 그대를 낳아준 이들을 욕되게 하지 마라."고 하였다.

원문 資①於事父하여, 以事母하되, 而愛同하며, 資

於事父하여, 以事君하되, 而敬同이니라.

故로 母取其愛하고, 而君取其敬이어늘, 兼之者

는, 父也니라.

故로 以孝事君則忠②이오, 以敬事長則順③이니라.

忠順不失하여, 以事其上하면, 而後能保其祿位④

하고, 而守其祭祀⑤하니라.

蓋士之孝也니라.

詩⑥云：夙興夜寐하되, 無忝⑦爾所生⑧하라 하니라.

주 ① 資(자)−옛 주에는 모두 '취(取)하다'의 뜻으로 해석하고 있으나, '바탕으로 하다', '근거로 하다'의 뜻으로 봄이 좋겠다.

② 忠(충)−마음이나 힘을 다해 섬기는 것. 주자(朱子)는 "자기의 최선을 다하는 것을 충이라 한다."고 하였다.

③ 順(순)−종순(從順)·순종(順從)의 뜻.

④ 祿位(녹위)−봉록(俸祿)과 벼슬자리.

⑤ 祭祀(제사)−조상을 제사지내는 것. 조상을 제사지내는 것은 사람으로서의 의무이므로, '그의 제사를 지킨다'는 것은 그의 집안을 잘 보전하고 자신의 직위를 제대로 유지함을 아울러 뜻한다.

⑥ 詩(시)−《시경》 소아(小雅) 소완(小宛)편에 보이는 구절.

⑦ 忝(첨)−욕되다. 욕되게 하다.

⑧ 所生(소생)−낳아준 이. 곧 부모를 가리킨다.

해의 옛날 봉건주의 시대에 있어서 사(士)는 벼슬할 수 있는 사람들 중 가장 낮은 계급에 속하는 사람들이었다. 이들은 위로는 임금과 경대부(卿大夫)들을 섬겨야만 했고, 아래로는 직접 백성들을 잘 돌보아 주어야만 하였다. 여러 관청의 장(長)을 제외한 관리들이 모두 사였기 때문에, 이들은 좀 더 능력을 발휘하여 윗사람들의 눈에 들게 되면 좋은 자리에 있을 수 있었고, 그

렇지 않으면 벼슬조차도 못하고 서민에 가까운 생활
을 하여야만 하였다.

《대대례(大戴禮)》에서 "사의 효는 덕으로써 명령을
따르는 것(士之孝也는, 以德從命이라.)"이라 한 것은
그러한 봉건시대의 계급질서를 바탕으로 한 말이다.

여기서 〈효〉가 부모 중에서도 아버지를 중심으로
해설되고 있는 것은 주(周)나라 시대의 종족제도(宗
族制度)나 주말(周末) 이후의 가족제도에 있어서 온
가족이나 친척들까지도 그 종족의 맏아들이나 가장
(家長)의 지배 아래 있었던 것을 생각할 때 불가피
했던 일이라 할 것이다.

그러나 아버지를 중심으로 한 〈효〉라 할지라도 그
것을 어머니는 물론 임금과 어른들 또는 상사(上司)
에게로 확장(擴張)시켜 나가려 한 것은 훌륭한 일이
라 할 것이다. 부모에 대한 〈효〉를 바탕으로 하여 임
금에 대한 〈충〉과 윗사람들에 대한 〈순(順)〉이 나온
다는 것이다.

《예기(禮記)》 제의(祭義)편에도 "임금을 충성스럽
게 섬기지 않으면 효가 되지 않는다.(事君不忠이면,
非孝也니라.)"고 하였다.

이러한 〈효〉가 이룩될 때 자기 집안의 평화와 개인
의 행복도 이룩될 수가 있는 것이다. 그러기에 끝머리

에서는 《시경》을 인용하여 밤낮으로 자기를 낳아준
부모에게 욕되는 일이 없도록 노력하라고 교훈을 하
고 있는 것이다.

제 6 장

서인(庶人) ─ 서민으로서의 〈효〉

하늘의 도(道)를 원용(援用)하고, 땅의 이점을 분별하여, 몸을 삼가고 쓰는 것을 절약하여 부모님을 부양하여야 한다.

이것이 서인(庶人)들의 〈효〉인 것이다.

그러므로 천자로부터 서인에 이르기까지 〈효〉에는 끝과 시작이 없는 것이다.

그런데 미치지 못할 것을 걱정하는 사람은 아직도 없는 형편인 것이다.

원문

용 천 지 도　　　분 지 지 리　　　근 신　절 용
用天之道①하고, 分地之利②하여, 謹身③節用

이 양 부 모
하여, 以養父母니라.

차 서 인 지 효 야
此庶人之孝也니라.

고   자 천 자 지 어 서 인   효 무 종 시
故로 **自天子至於庶人**이, **孝無終始**④니라.

이 환   불 급   자   미 지 유 야
而患⑤**不及**⑥**者**이, **未之有也**니라.

주 ① 用天之道(용천지도) – 하늘의 도를 원용하다. '하늘
　 의 도'란 사철이 바뀌고 기후가 변화하는 원리를 뜻
　 하며, 그것을 '원용한다'는 것은 서인들이 농사를 지
　 음에 있어 사철의 바뀜과 기후의 변화에 잘 적응해
　 야 함을 뜻한다.

② 分地之利(분지지리) – 땅의 이점을 분별하다. 이 말
　 도 서인들이 농사를 짓고 생산업에 종사함에 있어,
　 여러 가지 땅의 성질이나 지형을 잘 살펴어 적절히
　 땅을 이용하여야만 함을 말하는 것이다.

③ 謹身(근신) – 몸을 삼가다. 몸을 올바르게 간수하여
　 욕되는 일이 없도록 하는 것. 현종(玄宗) 주(注)에
　 는 "몸가짐을 공손히 하고 근신하면 치욕을 멀리한
　 다."고 하였다.

④ 無終始(무종시) – 끝도 시작도 없다. 천자로부터 서
　 인에 이르기까지 여러 가지 신분상의 계층의 차이
　 가 있으나 〈효〉를 행하는 데 있어서만은 그 원리가
　 모두 같다. 곧 천자에서 시작되어 서민에게서 끝나
　 는 것 같은 것이 아니라는 뜻.

⑤ 患(환)─걱정하다. 근심하다.

⑥ 不及(불급)─완전한 〈효〉에 아직 미치지 못하고 있
　　다고 생각하는 것. 효도를 다하지 못하는 것.

해의 서인들은 그 나라의 생산업에 종사하는 낮은 계급
의 사람들이다. 옛날에는 상업이나 공업도 서인들에
의하여 지탱되었지만 농업이 산업의 바탕이었다. 그러
기에 여기서는 땅의 조건과 계절이나 기후 조건을 잘
살피어, 거기에 맞추어 자기 생업을 잘 영위해 나갈
것을 무엇보다도 먼저 강조하고 있는 것이다. 서인들
은 이처럼 자기 생업을 성실히 수행하고 나서야 올바
른 처신과 근검(勤儉)한 생활을 하면서 부모님을 부
양하여 〈효〉를 이룩하게 되는 것이다.

　그리고 이 장의 끝머리 대목은 앞의 천자(天子)・
제후(諸侯)・경대부(卿大夫)・사(士)에서 서인에 이
르는 〈효〉를 총괄한 말이다. 사회적인 신분의 차이에
따라 각기 역점을 두어야만 할 일들은 서로 다르지
만 〈효〉의 원리만은 천자에서 서인에 이르기까지 모
두에게 똑같이 적용된다는 것이다.

　끝머리에 "미치지 못하고 있음을 걱정하는 사람은
아직도 없는 형편이다."고 말한 것은, 사람들에게 꾸
준히 완전한 〈효〉의 실천을 위하여 노력하라는 격려

의 뜻을 담고 있는 말이다.

송(宋)대의 주희(朱熹)는 이 장 끝머리에 이처럼 모든 사람들의 〈효〉를 총결(總結)하는 것이 들어 있는 것을 근거로,《효경》을 이상 6장을 합쳐 한 장으로 만들고 이것을 경(經)이라 하고, 나머지는 후인이 이를 해설한 전(傳)이라 보고 이들을 모두 14장으로 정리한 일이 있다.

그러나 주희의 이러한 작업은《대학(大學)》·《중용(中庸)》의 정리나 마찬가지로 확실한 객관적인 근거 위에 행해진 것은 아니다. 그러나 옛사람들의 〈효〉사상을 체계적으로 밝힌 점에 있어서는 뛰어난 업적이라 할 것이다.

제 7 장

삼재(三才) - 하늘 · 땅과 사람의 〈효〉

증자가 말하였다.

"굉장하다. 〈효〉의 위대함이여!"

공자께서 말씀하시었다.

"〈효〉라는 것은 하늘의 법도이며 땅의 의리(義理)이
고 사람들의 행실이 되는 것이다.

하늘과 땅의 법도가 있는데, 사람들은 그것을 본받아
야 하는 것이다.

하늘의 밝음을 본뜨고 땅의 이점을 근거로 하여, 천
하를 순조로이 다스려야 한다.

그러면 그의 교화(敎化)는 엄격하지 않아도 완성되
고, 그의 정치는 엄하지 않아도 다스려지게 되는 것이다.

옛 선왕(先王)들은 교화로써 백성들을 개화시킬 수

가 있다고 보았기 때문에, 이에 앞서 박애(博愛)를 실
천하여, 백성들은 그의 어버이를 소홀히 하는 이가 없
게 되었다. 그들에게 덕(德)과 의(義)를 펴주니, 백성들
은 모두가 일어나 그것을 행하였다. 그들에게 공경과
사양을 먼저 행하게 하니, 백성들은 다투지 않게 되었
다. 그들을 예(禮)와 악(樂)으로 인도하여 주니, 백성들
은 화목하게 지내게 되었다. 그들에게 좋은 것과 나쁜
것을 들어내 보여주니, 백성들은 금령(禁令)을 이해하
게 되었다."

《시경》에 이르기를, "혁혁한 태사(太師) 윤씨(尹氏)
여! 백성들 모두가 그대 우러러보네."라 하였다.

원문　증자왈　심재　효지대야
曾子曰：甚哉라! 孝之大也여!

자왈　부효　천지경야　지지의야　민
子曰：夫孝는, 天之經①也요, 地之義②也며, 民

지행야
之行也니라.

천지지경　이민시칙지
天地之經을, 而民是則③之니라.

칙천지명　인지지리　이순　천하
則天之明하고, 因地之利④하여, 以順⑤天下니라.

시 이　　기 교 불 숙 이 성　　　　기 정 불 엄 이 치
是以로 其敎不肅而成하며, 其政不嚴而治하
나라.

선 왕 견 교　지 가 이 화 민 야　　시 고　　선 지 이 박
先王見敎⑥之可以化民也니, 是故로 先之以博

애　　　이 민 막 유　기 친　　진　지 어 덕 의　　　이
愛하여, 而民莫遺⑦其親이오, 陳⑧之於德義하니, 而

민 흥 행　　선 지 이 경 양　　　이 민 부 쟁　　　도 지
民興行이오, 先之以敬讓하니, 而民不爭이오, 導之

이 예 악　　　이 민 화 목　　시 지 이 호 악　　　이
以禮樂⑨하니, 而民和睦이오, 示之以好惡⑩하니, 而

민 지 금
民知禁⑪이니라.

시　운　혁 혁　사 윤　　민 구 이 첨
詩⑫云: 赫赫⑬師尹⑭이여, 民具爾瞻⑮이라 하니라.

주 ① 天之經(천지경) – 하늘의 법도. 하늘의 일정한 원리.
효의 원리는 바로 하늘의 법도에서 나온 것이므로
영원히 변치 않는 만고의 진리이다.

② 地之義(지지의) – 땅의 의리(義理). 동물과 식물이
제대로 자라게 해주는 땅의 원리. 현종(玄宗) 주
(注)에는 "만물을 이롭게 하는 것이 의(義)"라고
하였다.

③ 則(칙) – 본뜨다. 법도로 삼고 따르다.

④ 地之利(지지리)－동식물을 그 위에 자라게 해주는 땅의 이로운 원리.

⑤ 順(순)－순조로이 하다. 순조롭게 다스리다.

⑥ 教(교)－교화. 주희(朱熹), 사마광(司馬光) 등은 효(孝)자의 잘못이라 하였으나, 그대로 읽어도 좋다.

⑦ 遺(유)－잊다. 소홀히 하다.

⑧ 陳(진)－펴다. 포진(布陳)의 뜻.

⑨ 禮樂(예악)－《예기》 악기(樂記)편에 "위대한 음악은 천지와 함께 화합하고, 위대한 예의는 천지와 같은 절주(節奏)를 이룬다.(大樂與天地同和, 大禮與天地同節.)" "예는 사람들의 마음을 조절하고, 악은 사람들의 소리를 조화시킨다.(禮節民心, 樂和民聲.)"고 하였다.

⑩ 好惡(호악)－좋은 것과 나쁜 것. 선과 악. 좋은 일을 하는 사람들에게는 상을 주고 나쁜 짓을 하는 자에게는 벌을 내리는 것을 뜻함. '호오'로 읽고, 훌륭한 행위는 좋아하고 악한 짓은 미워하는 것을 뜻하는 말로 풀어도 된다.

⑪ 禁(금)－금하는 것. 금령(禁令).

⑫ 詩(시)－《시경》 소아(小雅) 절피남산(節彼南山)편에 보이는 구절.

⑬ 赫赫(혁혁)－높은 지위를 형용한 말. 공이 많은 것을 형용한 말.

⑭ 師尹(사윤)－《모전(毛傳)》에서는 사(師)는 벼슬인 태사(太師). 윤(尹)은 성으로 보았다. 그러나 청(淸) 말의 왕국유(王國維)는 사(師)와 윤(尹) 모두

가 벼슬 이름으로, 사(師)는 삼공(三公), 즉 태사 (太師)·태부(太傅)·태보(太保)의 하나인 태사이고, 윤(尹)도 작책윤(作冊尹)·내사윤(內史尹) 등 윤씨(尹氏)라고 흔히 불렀던 벼슬 이름이라 하였다 (書作冊詩尹氏說).

⑮ 爾瞻(이첨)―그대를 우러러보다.

해의 장 이름인 '삼재(三才)'는 하늘·땅·사람의 세 가지를 뜻한다(《易經》繫辭傳). 이 장은 앞뒤 2단으로 이루어져 있는데, 앞단에서는 〈효〉란 사람의 행위이기는 하지만 하늘의 법칙과 땅의 의리에 상통하는 위대한 윤리임을 밝히고 있다. 그러기에 사람이 하늘과 땅의 법칙과 상통하는 〈효〉를 바탕으로 하여 행동할 때, 그 교화(敎化)와 정치가 천하에 순조롭게 이룩된다는 것이다.

뒷단에서는 옛 선왕(先王)들의 업적을 통하여 그 사실을 증명하고 있다. 선왕들은 〈효〉를 바탕으로 한 박애(博愛) 정신으로 백성들을 대하였기 때문에 백성들도 모두 부모에게 〈효〉를 행하였다. 그리고 선왕들이 백성을 다스림에 있어 발휘한 덕(德)과 의(義), 공경과 사양, 예의와 음악, 좋은 일을 하는 이들에게 상을 주고 나쁜 짓을 하는 자들에게 벌을 주는 것 같은 일들을 실천할 수 있었던 것도 그들이 〈효〉를 이룩하고 있었기 때문이라는 것이다.

선왕들은 이처럼 위대한 〈효〉를 바탕으로 하여 정치를 하였기 때문에 《시경》에서 노래했듯이 모든 백성이 우러러보는 존재가 될 수 있었다는 것이다.

결국 사람이 하늘과 땅과 함께 이 우주 안의 가장 위대한 존재인 '삼재(三才)'에 끼일 수 있는 것은 〈효〉때문이라는 결론이 나오는 것이다. 여기에서 〈효〉는 유교의 윤리 중에서도 가장 기본적이고 절대적인 덕목으로 강조되고 있는 것이다.

제 8 장

효치(孝治) ─〈효〉를 통한 다스림

공자께서 말씀하시었다.

"옛날의 명철(明哲)한 임금이 〈효〉로써 천하를 다스릴 적에는 작은 나라의 신하라 할지라도 감히 소홀히 하지 않았으니, 하물며 공(公)·후(侯)·백(伯)·자(子)·남(男) 등을 소홀히 하겠는가?

그러므로 만국(萬國)의 환심(歡心)을 사가지고 그들의 선왕(先王)을 섬기었던 것이다.

나라를 다스리는 사람은 홀아비나 과부라 할지라도 감히 업신여기지 않는 법이니, 하물며 선비나 백성들을 업신여기겠는가?

그러므로 백성들의 환심을 사가지고 그들의 선군(先君)을 섬기게 되는 것이다.

집안을 다스리는 사람은 노복(奴僕)이나 첩들에게도 감히 신망(信望)을 잃지 않는 법이니, 하물며 아내나 자식들에게 신망을 잃겠는가?

그러므로 사람들의 환심을 사가지고 그들의 어버이를 섬기게 되는 것이다.

그렇기 때문에 어버이들은 살아서는 편안히 지내고, 제사를 지내면 귀신으로서 그것을 흠향(歆饗)하게 되는 것이다.

그리하여 천하가 평화스럽고, 재해(災害)가 생겨나지 않으며 환난이 일어나지 않게 되는 것이다.

그러므로 명철한 임금이 〈효〉로써 천하를 다스리는 실정은 모두 이와 같은 것이다."

《시경》에 이르기를, "덕행(德行)이 위대하니, 사방의 나라들이 그를 따른다."고 하였다.

[원문] 子曰：昔者明王之以孝治天下也에, 不敢遺①

小國之臣②하니, 而況於公侯伯子男③乎아!

故로 得萬國之懽心④하여, 以事其先王하니라.

治國者는, 不敢侮於鰥寡⑤이니, 而況於士民⑥

호
乎아!

고   득백성지환심   이사기선군
故로 得百姓之懽心하여, 以事其先君⑦하니라.

치가자   불감실 어신첩   이황어처자
治家者는, 不敢失⑧於臣妾⑨이니, 而況於妻子

호
乎아!

고   득인지환심   이사기친
故로 得人之懽心하여, 以事其親하니라.

부연   고 생즉친안지   제즉귀향 지
夫然하니, 故로 生則親安之하고, 祭則鬼享⑩之하
니라.

시이   천하화평   재해불생   화란부작
是以로, 天下和平하고, 災害不生하며, 禍亂不作
하니라.

고   명왕지이효치천하야   여차
故로 明王之以孝治天下也이, 如此하니라.

시   운 유각 덕행   사국 순지
詩⑪云 ; 有覺⑫德行하니, 四國⑬順之라 하니라.

주   ① 遺(유)-빠뜨리다. 소홀히 하다.
     ② 小國之臣(소국지신)-정식으로 작위(爵位)를 받지

못한 조그만 나라의 신하. 《예기(禮記)》 왕제(王制)에 "공후(公侯)는 백리(百里) 평방, 백(伯)은 70리 평방, 자남(子男)은 50리 평방의 땅"을 봉지(封地)로 받았다는 기록이 보이니, "작은 나라"란 50리 평방의 넓이도 되지 않는 나라를 뜻한다 할 것이다.

③ 公侯伯子男(공후백자남) — 옛날 봉건주의 시대에 제후(諸侯)들이 받았던 다섯 등급의 작위(爵位).

④ 懽心(환심) — 환(懽)은 환(歡)과 같은 글자. 기뻐하는 마음.

⑤ 鰥寡(환과) — 홀아비와 과부. 의지할 곳이 없는 사람들.

⑥ 士民(사민) — 사(士)와 서민(庶民). 사는 봉건주의 시대에 벼슬할 수 있는 사람들 중 가장 낮은 계급, 서민은 생산업에 종사하는 백성들.

⑦ 先君(선군) — 제후(諸侯)의 선대 임금들.

⑧ 失(실) — 인심을 잃는 것. 신망(信望)을 잃는 것.

⑨ 臣妾(신첩) — 노복(奴僕)과 첩들.

⑩ 享(향) — 흠향(歆饗)하다. 귀신이 제사를 받아 잡숫는 것. 향(享)은 향(饗)과 통함.

⑪ 詩(시) — 《시경》 대아(大雅) 억(抑)편에 보이는 구절.

⑫ 覺(각) — 큰 것. 위대한 것.

⑬ 四國(사국) — 사방의 나라. 온 세상.

해의 이 장에서는 다시 〈효〉를 근거로 하여 세상을 어떻게 다스리는가를 해설하고 있다. 우선 옛날의 명철한 임금들은 자기의 〈효〉를 온 세상에 펴 나감으로써 모든 사람들을 사랑하였다. 그래서 다른 신하들도 모두 그를 따르게 되어 그는 무난히 왕의 자리를 유지할 수가 있었다는 것이다.

《서경(書經)》 주서(周書) 군진(君陳)편에서도 "형제들이 효성을 다하고 우애를 다하여 그것을 정치에 베풀 수 있어야만 한다.(惟孝友于兄弟하여, 克施有政이라.)"고 말하고 있다.

공자는 이러한 옛 명철한 임금의 예를 제후(諸侯)로부터 대부(大夫)에 이르는 모든 사람이 따를 것을 요구하고 있다. 제후가 나라[國]를 다스리는 것이나 대부가 집안[家]을 다스리는 것도 천자가 천하를 다스리는 원리와 조금도 다를 바가 없다는 것이다. 모든 사람들이 〈효〉를 행하여 모든 어버이들이 편안히 살아가고 모든 조상의 귀신들이 제사를 기꺼이 받아들이게만 된다면, 세상은 평화롭게 된다는 것이다.

《시경》의 "덕행이 위대하니, 사방의 나라들이 따른다."는 구절을 인용하고 있는데, 공자는 그 덕행이란 바로 〈효〉가 바탕이 되는 것이라고 생각했던 것이다.

제 9 장

성치(聖治) – 아버지와 하늘

증자가 여쭈었다.

"감히 여쭙겠습니다. 성인(聖人)의 덕에 〈효〉보다 더한 것은 없습니까?"

공자께서 말씀하시었다.

"하늘과 땅이 낳은 것 중에서 사람이 가장 존귀한데, 사람의 행위에 있어서는 〈효〉보다 더 큰 것이 없고, 〈효〉에 있어서는 아버지를 존엄(尊嚴)히 모시는 것보다 더 큰 것이 없으며, 아버지를 존엄히 모시는 데 있어서는 하늘에 배합(配合)시키는 것보다 더 큰 것이 없다. 그런데 주공(周公)은 바로 그것을 실천한 분이시다.

옛날에 주공께서는 하늘을 제사지내실 적에 시조(始祖)인 후직(后稷)을 하늘에 배향(配享)하셨고, 문왕(文

王)을 명당(明堂)에 높이어 제사지냄으로써 하나님과 배합되도록 하셨다.

그리하여 온 세상 안의 제후(諸侯)들이 각각 그의 직책에 따라 조제(助祭)를 하러 왔다.

성인의 덕에 또 무엇이 〈효〉보다 더한 것이 있겠는가?

본시 친애(親愛)의 정이 부모 무릎 아래에서 자랄 때 생겨나서, 부모를 날로 존엄히 부양하게 되는 것이다.

성인들은 이 존엄을 근거로 하여 공경을 가르치고, 친애를 근거로 하여 사랑을 가르친다.

성인의 가르침은 엄히 하지 않아도 이루어지고, 그의 정치는 엄격히 하지 않아도 다스려지는데, 그들이 근거로 삼는 것이 바로 근본이기 때문이다.

부자(父子)의 도(道)는 천성(天性)의 것이며, 임금과 신하의 의리(義理)가 된다.

부모는 우리를 낳아 주셨으니 상속(相續)을 더할 수 없이 크게 받은 것이고, 임금은 친히 우리를 다스리고 있으니 그 후의(厚誼)가 이보다 더 무거울 수가 없는 것이다.

그러므로 그의 어버이는 사랑하지 않으면서도 다른 사람을 사랑하는 것을 덕에 어긋나는 짓이라 말하고,

그의 어버이는 공경하지 않으면서도 다른 사람을 공경하는 것을 예에 어긋나는 짓이라 말하는 것이다.

도리를 따르면 법도대로 될 것이나, 도리에 어긋나는 행위를 한다면 백성들은 따를 법도가 없게 될 것이며, 선(善)한 데에 마음을 두지 않고 모두 흉악한 짓에만 마음을 두게 될 것이다.

비록 그가 뜻을 이루었다 하더라도 군자(君子)들은 귀하게 여기지 않을 것이다.

군자는 그렇지 아니하다.

말할 적에는 도(道)에 합당할까 먼저 생각해 보고, 행동할 적에는 즐거울 수가 있는 것인가 먼저 생각해 본다.

그의 덕(德)과 의(義)로움은 존중할 만한 것이 되도록 하고, 일을 하는 데 있어서는 법도가 될만하도록 하며, 용모와 차림새는 남이 볼만한 것이 되도록 하고, 행동은 남의 모범이 될만하게 하며, 그래가지고서야 백성들을 대한다.

그리하여 그 백성들은 그를 존경하면서 사랑하고, 법도로 삼으면서 본받게 되는 것이다.

그러므로 그의 덕에 의한 교화를 이룩하고 그의 정령(政令)을 행할 수가 있게 되는 것이다.”

《시경》에 이르기를, “훌륭하신 군자여, 그의 위의(威

儀) 법도에 어긋나지 않네."라 하였다.

　　　　　증자왈　감문성인지덕　　　무이가어효호
원문　曾子曰：敢問聖人之德에, 無以加於孝乎

니이까?

　　　　자왈　　천지지성　　인위귀　인지행　　막대
　　　子曰：天地之性①에, 人爲貴니, 人之行은, 莫大

　어효　　효　막대어엄부　　엄부　막대어
於孝하고, 孝는 莫大於嚴②父하고, 嚴父는 莫大於

　배천　　　즉주공　　기인야
配天③하니, 則周公④이 其人也니라.

　　　석자　　주공교사　　후직　이배천　　　종
　　　昔者에, 周公郊祀⑤에, 后稷⑥以配天하시고, 宗

　사　문왕　어명당　　　이배상제
祀⑦文王⑧於明堂⑨하사, 以配上帝하시니라.

　　　시이　사해지내　　각이기직　래제
　　　是以로 四海之內⑩이, 各以其職⑪來祭⑫하니라.

　　　부성인지덕　　우하이가어효호
　　　夫聖人之德에, 又何以加於孝乎아?

　　　고　　친　생지슬하　　　이양부모일엄
　　　故⑬로 親⑭生之膝下⑮하여, 以養父母曰嚴이니라.

　　　성인인엄이교경　　인친이교애
　　　聖人因嚴以敎敬하고, 因親以敎愛하니라.

성 인 지 교　　　불 숙 이 성　　　기 정 불 엄 이 치
聖人之敎이, 不肅而成하고, 其政不嚴而治하니,

기 소 인 자 본　야
其所因者本⑯也니라.

부 자 지 도　　　천 성 야　　　군 신 지 의 야
父子之道는, 天性也요, 君臣之義也니라.

부 모 생 지　　　　속　막 대 언　　　군 친 림 지
父母生之하시니, 續⑰莫大焉이오, 君親臨之하니,

후　막 중 언
厚⑱莫重焉이라.

고　　불 애 기 친 이 애 타 인 자　　위 지 패　덕
故로 不愛其親而愛他人者는, 謂之悖⑲德이오,

불 경 기 친 이 경 타 인 자　　위 지 패 례
不敬其親而敬他人者는, 謂之悖禮니라.

이 순 칙　　　　　역 민 무 칙 언　　　부 재　어 선
以順則⑳이로되, 逆民無則焉이오, 不在㉑於善하

이 개 재 어 흉 덕
고, 而皆在於凶德하니라.

수 득 지　　　　군 자 불 귀 야
雖得志㉒라도, 君子不貴也니라.

군 자 즉 불 연
君子則不然이라.

언 사 가 도　　　행 사 가 락
言思可道하고, 行思可樂㉓이니라.

　덕 의 가 존　　　작 사 가 법　　　용 지　 가 관
德義可尊하고, **作事可法**하며, **容止**㉔**可觀**하고,

　진 퇴　가 도　　　 이 림 기 민
進退㉕**可度**하여, **以臨其民**하니라.

　시 이　　기 민 외 이 애 지　　　칙 이 상　 지
是以로 **其民畏**㉖**而愛之**하고, **則而象**㉗**之**하니라.

　고　　능 성 기 덕 교　　　이 행 기 정 령
故로 **能成其德敎**하고, **而行其政令**하니라.

　시　 운 숙 인 군 자　　 기 의 불 특
詩㉘**云** : **淑人**㉙**君子**여, **其儀**㉚**不忒**㉛이라 하니라.

주　① 天地之性(천지지성)－하늘과 땅의 본성. 성(性)은
　　　　생(生)과 통하여 여기서는 '하늘과 땅이 내려준 것'.
　　② 嚴(엄)－존엄(尊嚴)히 하다. 엄히 존경하는 것.
　　③ 配天(배천)－하늘에 짝지우다. 하늘에 배합시키다.
　　　　하늘과 대등한 자리에 놓고 존경하는 것.
　　④ 周公(주공)－주(周) 무왕(武王)의 아우. 무왕이 죽
　　　　은 뒤 어린 조카 성왕(成王)이 즉위하자 주공이 섭
　　　　정(攝政)하여 주나라 정치의 기반을 다졌다. 그리
　　　　고 여러 가지 제도와 예법 등을 제정하여 주나라의
　　　　문물(文物)을 완비시켰다. 그 때문에 주나라 초기
　　　　의 봉건제도를 재현(再現)시켜 보려고 애썼던 공자
　　　　는 특히 주공을 흠모하였다.
　　⑤ 郊祀(교사)－하늘에 지내는 제사. 남쪽 교외에 제
　　　　단을 모시고 지냈다.

⑥ 后稷(후직)-주(周)나라의 시조. 순(舜)임금의 신하
로서 이름은 기(棄). 순이 농사를 다스리는 관리인
후직에 임명하여 그의 호가 되었으며, 뒤에 태(邰)
라는 곳에 봉하여졌다. 후직의 15세손(孫)인 왕계
(王季)가 문왕(文王)을 낳아 주나라를 일으키고 천
하를 다스릴 천명(天命)을 받았다 한다.

⑦ 宗祀(종사)-높이어 제사지냄.

⑧ 文王(문왕)-이름은 창(昌). 은(殷)나라 주(紂) 밑
에서 서백(西伯)이 되어 주나라를 크게 흥성시킨
끝에 천명(天命)을 받았으나, 천명을 이룩하지 못
하고 죽었다. 뒤에 아들 무왕(武王)이 은나라를 쳐
서 천명을 완성하고 주나라 천자가 되었다.

⑨ 明堂(명당)-천자가 천하에 정령을 펴는 궁전. 주
공은 이곳에서 오방상제(五方上帝)를 제사지냈는
데, 이때 문왕을 높이어 상제, 곧 하나님과 함께 제
사를 지냈다.

⑩ 四海之內(사해지내)-온 세상. 천하. 여기서는 천하
의 제후를 가리킨다.

⑪ 其職(기직)-그의 직책. 여기서는 자기가 맡은 나
라를 잘 다스리고 그 고장에서 나는 토산물로 공물
(貢物)을 마련해 가지고 제사에 참여하러 오는 것.

⑫ 來祭(내제)-제사를 지내러 오다. 이때 주제자(主
祭者)는 천자이므로 제후들은 조제자(助祭者)로서
제사에 참여하였다.

⑬ 故(고)-여기서는 고(固)와 통하여, '본시'의 뜻으로
봄이 문맥상 좋다.

⑭ 親(친)-친애(親愛)의 정. 부모와 자식간의 사랑.

⑮ 膝下(슬하)-부모 슬하에서 자랄 때. 어릴 적.

⑯ 本(본)-근본. 〈효〉를 가리킨다. 효심은 인간의 본
성에서 나오는 것이다.

⑰ 續(속)-이어받은 것. 상속(相續). 부모에게서 몸을
타고나고, 혈통을 물려받고, 가업(家業)을 이어받는
것 등 모두를 가리킨다.

⑱ 厚(후)-후의(厚誼). 두터운 은혜.

⑲ 悖(패)-어기다. 거스르다.

⑳ 以順則(이순칙)-〈효〉를 바탕으로 한 도리를 따르
면 사람들이 지킬 법도가 있게 된다. 다음 구절은
이와 반대가 되는 말임.

㉑ 在(재)-마음을 두는 것.

㉒ 得志(득지)-뜻을 얻는 것. 자기 뜻대로 남의 윗자
리에 올라앉는 것. 지(志)는 지(之)로 된 판본도
있다.

㉓ 可樂(가락)-즐길 수 있는 것. 남을 즐겁게 해줄
만한 것. 정주(鄭注)에 "행동이 규범에 맞으니 모
든 사람이 즐거울 수가 있다."고 하였다.

㉔ 容止(용지)-용모와 차림새. 위의(威儀).

㉕ 進退(진퇴)-나아가고 물러나는 것. 동정(動靜). 행
동. 형병(邢昺)은 "때에 맞추어 멈출 때는 멈추고, 나
갈 때는 나가는 것이다."고 하였다.

㉖ 畏(외)-외경(畏敬). 존경.

㉗ 象(상)-본뜨다. 흉내내다.

㉘ 詩(시)-《시경》 조풍(曹風) 시구(鳲鳩)편에 보이는

구절.

㉙ 淑人(숙인)－착한 사람. 훌륭한 사람. 숙(淑)은 선(善)과 뜻이 통함.

㉚ 儀(의)－위의(威儀).

㉛ 忒(특)－어긋나다. 법도에 어긋나는 것.

해의 이 장에서는 〈효〉의 원리를 바탕으로 하여 성인(聖人)의 다스림을 더욱 자세히 설명하고 있다. 이 우주에는 하늘과 땅과 사람이라는 가장 존귀한 존재인 삼재(三才)가 있다. 그런데 사람의 행위에 있어 〈효〉가 가장 큰 것이기 때문에, 사람으로서는 그 〈효〉의 대상인 부모나 조상을 하늘 또는 하나님과 같은 위치에 놓고 존숭하여야만 한다는 것이다. 그래서 "사람의 행위에 있어서는 〈효〉보다 더 큰 것이 없다.(人之行엔, 莫大於孝니라.)"고 단언하고 있다.

공자는 이러한 〈효〉의 위대함을 바탕으로 하여 세상을 다스려야 한다고 주장하고 있다. 부모에 대한 사랑을 세상에 확장시켜 세상에 서로 사랑하는 마음가짐을 널리 펴고, 아버지를 존경하는 마음가짐을 세상에 널리 적용시켜 윗사람을 공경하는 태도를 모든 사람이 배우도록 한다. 이렇게 하면 세상은 저절로 평화롭게 다스려지고, 교화(敎化)는 자연스럽게 이룩된다는 것이다. 성인은 이러한 정치를 하였고, 그런 정치를 한 성인들의 덕 중에서도 가장 위대한 것이 〈효〉라는 것이다.

　부자의 관계란 천성적(天性的)인 것인데, 그것을 임금과 신하 사이에 적용시키고 또 그밖의 모든 사람들 사이의 관계에도 적용시켜 나가야만 한다. 그러면 모든 사람들이 말과 행동을 법도에 맞도록 삼가게 되고, 훌륭한 덕과 훌륭한 몸가짐을 지니게 된다. 군자(君子)들이 먼저 이러한 〈효〉의 덕을 갖추면 서민들은 자연히 그들을 본떠 〈효〉를 이룩하게 된다. 성인의 다스림의 요체(要諦)는 바로 이 〈효〉에 있다는 것이다.

제 10 장

기효행(紀孝行) - 부모 섬기는 법

공자께서 말씀하시었다.

"효자로서 어버이를 섬김에 있어서는, 평소에는 그의 공경하는 마음을 다하고, 봉양함에 있어서는 그분들이 즐거움을 다하도록 하며, 병이 나셨을 적에는 그의 근심을 다하도록 하고, 상을 당했을 적에는 그의 슬픔을 다하며, 제사를 지낼 적에는 그의 엄숙한 마음을 다해야만 한다.

이 다섯 가지가 갖추어진 연후에야 어버이를 제대로 섬기는 게 되는 것이다.

어버이를 섬기는 사람은 윗자리에 있어도 교만하지 아니하고, 아랫자리에 있어도 난동을 부리지 아니하며, 여러 사람들 틈에 끼어서도 다투지 않는 법이다.

윗자리에 있으면서 교만하면 곧 망할 것이고, 아랫자리에 처하여 난동을 부리면 곧 형벌을 받게 될 것이며, 여러 사람들 틈에 끼어 다투면 곧 상처를 입게 될 것이다. 이 세 가지 일에서 벗어나지 못하면 비록 날마다 소·양·돼지의 고기로써 봉양한다 하더라도 여전히 불효(不孝)가 될 것이다."

원문

자왈 효자지사친야 거 즉치 기경
子曰 : 孝子之事親也엔, 居^①則致^②其敬하고,

양 즉 치 기 락   병 즉 치 기 우   상 즉 치 기 애
養則致其樂^③하며, 病則致其憂^④하고, 喪則致其哀

제 즉 치 기 엄
하며, 祭則致其嚴하니라.

오 자 비 의   연 후 능 사 친
五者備矣면, 然後能事親이니라.

사 친 자   거 상 불 교   위 하 불 란   재 추
事親者는, 居上不驕하고, 爲下不亂하며, 在醜^⑤

부 쟁
不爭이니라.

거 상 이 교 즉 망   위 하 이 란 즉 형   재 추 이
居上而驕則亡하고, 爲下而亂則刑하며, 在醜而

쟁 즉 병
爭則兵^⑥하니라.

삼 자 부 제　　수 일 용 삼 생　지 양　　　유 위 불
三者不除⑦면, 雖日用三牲⑧之養이라도, 猶爲不

효 야
孝也니라.

주 ① 居(거)―평소 집에 있을 때. 평상시.

② 致(치)―다하다〔盡〕.

③ 致其樂(치기락)―그 즐거움을 다하게 하다. 곧 즐
거운 낯, 기쁜 모습으로 봉양할 것을 말한다.《예
기》내칙(內則)편에 "증자가 말했다. 효자가 늙은
부모에게 봉양을 할 때에는 부모님의 마음과 눈·
귀를 즐겁게 해드린다."라고 하였다.

④ 致其憂(치기우)―그의 근심을 다하다. 부모가 편찮
으실 적에는 병환 걱정에 머리도 제대로 빗지 못하
고, 화나는 일이 있더라도 노여움을 참는 것 같은
것이다.

⑤ 醜(추)―여러 사람. 사람들.

⑥ 兵(병)―칼이나 창 같은 병기. 여기에서는 '병기에
의하여 상처를 입는 것'.

⑦ 三者不除(삼자부제)―앞에서 말한 세 가지, 즉 교
만·난동·경쟁을 없애지 않으면.

⑧ 三牲(삼생)―소·양·돼지의 세 가지 짐승 고기.
태로(太牢)라고도 불렀다.

해의 이 장의 제목인 '기효행(紀孝行)'은 효행에 대하여
기록한다는 뜻이다. 따라서 이 장에서는 구체적으로 어

버이에게 효도를 행한다는 것은 어떤 일인가를 기록하고 있다.

첫째 : 평소에는 언제나 공경하는 태도로 부모를 모시고,

둘째 : 부모님을 봉양할 때에는 언제나 기쁨을 누리시도록 즐거운 태도로 하고,

셋째 : 병환이 나시면 함께 걱정하며 성의를 다하여 간호해 드리고,

넷째 : 부모님이 돌아가시면 슬픔을 다하여 극진히 상을 치르고,

다섯째 : 제사를 지낼 적에는 엄숙한 마음과 몸가짐으로 하여야 한다는 것이다.

이상 다섯 가지가 효행의 조건이다.

《예기》단궁(檀弓)편에서는 "효에는 세 가지가 있는데, 가장 위대한 효는 어버이를 존중하는 것이고, 그 다음은 어버이를 욕되지 않게 하는 것이고, 가장 낮은 것이 잘 부양하는 것이다.(孝有三하니, 大孝尊親이오, 其次弗辱이오, 其下能養이니라.)"라고 하였다.

다음으로 〈효〉를 행하려는 사람의 마음가짐은 윗자리에 있어도 교만하지 않고, 아랫자리에 있어도 난동을 부리지 않고, 여러 사람들과 어울려도 다투지 않는다는 것이다. 부모를 공경하는 마음이 남에 대하여도

겸손하게 만들고, 부모에게 성심을 다하는 태도가 밖
에 나가서도 윗사람들을 공경히 받들게 만들고, 부모
에 대하여 친애하는 마음이 여러 사람들을 대할 적에
도 작용하여 남과 다투지 않게 되는 것이다.

　그래서 〈효〉가 사람의 행위 중에서 가장 위대한 것
이라 하였던 것이다.

제 11 장

오형(五刑) – 불효(不孝)의 죄

공자께서 말씀하시었다.

"오형(五刑)의 종류가 3천이나 되지만, 그 죄에 있어서는 불효(不孝)보다 더 큰 것은 없다.

임금에게 강요를 하는 자에게는 윗사람이 없는 셈이고, 성인(聖人)을 비난하는 자에게는 법이 없는 셈이며, 〈효〉를 부정하는 자에게는 어버이가 없는 셈이다.

이것들은 대혼란의 도(道)인 것이다."

원문 子曰: 五刑①之屬②三千③이로되, 而罪莫大於
不孝니라.

요 군자　　무상　　　비 성 인 자　　무 법　　　비
要④君者는 **無上**이오, **非聖人者**는 **無法**이오, **非**

효 자　　무 친
孝者는 **無親**이니라.

차 대 란 지 도 야
此大亂之道也니라.

주　① 五刑(오형)—중국에 옛날부터 행해지던 다섯 가지
　　　체형(體刑). 곧 묵형(墨刑 : 얼굴에 먹칠을 새겨 넣
　　　기)·의형(劓刑 : 코를 베는 형벌)·비형(剕刑 : 다
　　　리를 자르는 형벌)·궁형(宮刑 : 남자 생식기를 제
　　　거하는 형벌)·대벽(大辟 : 사형)의 다섯 가지.
　　② 屬(속)—무리. 종류.
　　③ 三千(삼천)—오형에 해당하는 죄목이 3천 가지가
　　　있었다는 뜻.
　　④ 要(요)—강요하다. 협박하다.

해의　여기서는 불효에 해당하는 형벌을 해설하고 있다.
옛날부터 중국에는 오형(五刑)이 있었고, 그 오형에
해당하는 죄목으로는 3천 가지가 있었는데, 그 중에
서도 불효가 가장 큰 죄목이라는 것이다. 곧 불효자는
사형에 해당한다는 말이 된다.

　그리고 세상에서는 일반적으로 임금에 대한 불충죄
(不忠罪)나 반역죄(反逆罪), 또는 성인의 도를 거스르

는 행위를 가장 큰 죄로 생각하고 있지만 이것들은
모두 불효로 통하는 것이다. 불효자는 부모가 없는 자
나 마찬가지이니 무엇보다도 대란역도(大亂逆道)가
되는 것이다.

제 12 장

광요도(廣要道) ─ 〈효〉는 왜 중요한 도인가

공자께서 말씀하시었다.

"백성에게 친애(親愛)를 가르치는 데 있어서는 〈효〉
보다 더 좋은 것이 없으며, 백성에게 예의와 공순함을
가르치는 데 있어서는 우애보다 더 좋은 것이 없으며,
사회 풍속을 순화(醇化)시키는 데 있어서는 음악보다
더 좋은 것이 없고, 임금을 편안케 하고 백성을 다스리
는 데 있어서는 예(禮)보다 더 좋은 것이 없다.

예라는 것은 공경하는 것일 따름이다.

본시 그의 아버지를 공경하면 곧 아들이 기뻐하게
되고, 그의 형을 공경하면 곧 아우가 기뻐하게 되며,
그의 임금을 공경하면 곧 신하가 기뻐하게 된다.

한 사람을 공경하는데 천만인(千萬人)이 기뻐하게

되니, 공경하는 대상은 적은데 기뻐하게 되는 사람은
많은 것이다.

　이것을 두고 '중요한 도[要道]'라 말하는 것이다."

원문
　　　자 왈　교 민 친 애　　막 선 어 효　　　교 민 예 순
　子曰：敎民親愛엔, 莫善於孝하고, 敎民禮順①

　　막 선 어 제　　　이 풍 역 속　　막 선 어 악
엔, 莫善於悌②하며, 移風易俗③엔, 莫善於樂하고,

　　안 상 치 민　　막 선 어 례
安上治民엔, 莫善於禮니라.

　　예 자　　경 　이 이 의
　禮者는, 敬④而已矣라.

　　고　경 기 부 즉 자 열　　경 기 형 즉 제 열　　　경
　故⑤敬其父則子悅하고, 敬其兄則弟悅하며, 敬

기 군 즉 신 열
其君則臣悅하니라.

　　경 일 인 이 천 만 인 열　　소 경 자 과 이 열 자 중
　敬一人而千萬人悅하니, 所敬者寡而悅者衆이

니라.

　　차 지 위 요 도 야
　此之謂要道也니라.

주　① 禮順(예순)—예의와 공순함. 예의와 순종. 형병(邢

昺)은 "임금이 제(悌)를 행하면 사람들도 그를 본
받아, 모두가 예를 따라 연장자에게 순종하게 된
다.(人君行悌則人効之하여, 皆以禮順從其長也니
라.)"고 하였다.

② 悌(제)−그대로 제(弟)로도 쓰며, 아우로서 형을 섬
기는 도리. 형제간의 우애.

③ 移風易俗(이풍역속)−풍속을 좋은 방향으로 옮기고
습속을 좋게 바꾸는 것. 사회 풍속을 아름답게 순
화시키는 것.

④ 敬(경)−경건하다, 남을 공경하다. 맹자(孟子)는
"공경하는 마음이 바로 예다(恭敬之心이, 禮也니
라)."라고 하였다.

⑤ 故(고)−고(固)와 통하여, 본시.

〖해의〗 첫 장에서 〈효〉를 '중요한 도[要道]'라 표현하였
는데, 여기서는 다시 그 '중요한 도'의 내용을 자세히
설명하고 있다. 장명(章名)인 '광요도(廣要道)'는 '요
도(要道)의 내용을 넓히어 설명한다'는 뜻이다.

〈효〉는 부모와 자식 사이의 친애(親愛)의 정을 바
탕으로 한 것이기 때문에, 〈효〉를 널리 펴나가면 모
든 사람들에게 서로 친하고 서로 사랑하는 법을 가르
치게 된다. 그리고 〈효〉가 이루어지면 형제간의 우애
인 〈제(悌)〉도 자연히 이룩된다.

《논어(論語)》학이(學而)편에서 유자(有子)가 "효제

(孝悌)라는 것은 인(仁)을 행하는 근본이 되는 것"이라 설파했던 것도 〈효〉와 〈제〉는 같은 성질의 것으로 생각하였기 때문이다. 이 〈제〉라는 형제간의 우애가 세상에 널리 행해지게 되면 사람들의 마음은 자연히 예의를 지키고 공순하게 행동하려들게 된다.

한편 〈효〉는 친애하는 정을 바탕으로 하기 때문에, 이러한 감정은 아름다운 음악과 훌륭한 예의를 이룩하게 한다. 이 아름다운 음악이 사회의 풍속을 순화시켜 주고, 예의가 위아래의 질서를 이룩하여 세상을 평화롭게 하는 것은 물론이다. 유가에서 이 예(禮)와 악(樂)을 가지고서 그들의 이상인 덕치(德治)를 이룩하려 했던 것도 그 때문이다.

그리고 예의를 바탕으로 한 공경하는 마음가짐과 행동은 이를 보고 듣는 모든 사람들의 마음을 기쁘게 한다. 한 사람을 공경하더라도 이에 따라 기뻐하는 사람은 수없이 많게 된다. 그래서 온 세상은 평화롭고 행복한 사회가 되는 것이다.

이처럼 〈효〉는 예를 낳고, 예는 사람들을 공경케 하여 세상을 평화로 이끈다. 〈효〉는 예뿐만 아니라 인류의 행복을 증진시키는 데 큰 도움이 되는 친애하는 마음이나 훌륭한 음악 같은 것도 낳는다. 그래서 《효경》 첫머리에 〈효〉를 '요도(要道)'라는 말로 표현했던 것이다.

제 13 장

광지덕(廣至德) - 〈효〉는 왜 지극한 덕인가

공자께서 말씀하시었다.

"군자가 〈효〉로써 가르친다는 것은 집집마다 찾아가 매일 그것을 가르쳐 주는 것이 아니다.

효로써 가르친다는 것은 천하 사람들의 아비된 사람을 공경해야 하는 까닭을 알리는 것이고, 우애로써 가르친다는 것은 천하 사람들의 형이 된 사람을 공경해야 하는 까닭을 알리는 것이며, 신하 노릇을 가르친다는 것은 천하 사람들의 임금이 된 사람을 공경해야 하는 까닭을 알리는 것이다.

《시경》에 이르기를, "화락하고 점잖으신 군자는, 백성들의 부모실세."라 하였다.

지극한 덕이 아니라면 그 누가 백성들을 이처럼 위

대하게 따르도록 할 수가 있겠는가?"

원문 子曰: 君子之敎以孝也는, 非家至^①而日見

之^②也니라.

敎以孝는, 所以敬天下之爲人父者也요, 敎以

悌는, 所以敬天下之爲人兄者也요, 敎以臣^③은,

所以敬天下之爲人君者也니라.

詩^④云: 愷悌^⑤君子여, 民之父母라 하니라.

非至德이면, 其孰能順民如此其大者乎아?

주 ① 家至(가지) — 집집마다 찾아가는 것.
② 日見之(일견지) — 매일 그것을 보여주다, 매일 그것을 가르쳐 주다.
③ 臣(신) — 신하 노릇. 신도(臣道).
④ 詩(시) — 《시경》 대아(大雅) 형작(泂酌)편에 보이는 구절.
⑤ 愷悌(개제) — 개(愷)는 화락(和樂)의 뜻. 제(悌)는 점잖은 것. 개제(豈弟)라고도 쓴다.

해의 여기서는 첫 장에서 〈효〉를 '지극한 덕[至德]'이라 표현한 말을 다시 되풀이하여 설명하고 있다. 〈효〉는 매우 '지극한 덕'이기 때문에, 곧 형제간의 우애를 이룩하게 하고, 임금과 신하 사이의 〈충〉을 이룩하게 한다는 것이다.

그리고 백성들에게 〈효〉를 가르치고 세상에 〈효〉의 교화를 편다는 것은, 그 사람이 나서서 직접 사람들을 만나 하는 것이 아니라는 것이다. 《대학》에서도 "군자는 집을 나서지 않고도 나라에 가르침을 이룬다.(君子不出家로되, 而成敎於國이라.)"고 하였다.

자기 자신이 〈효〉를 행하고 있으면 사람들이 보고 듣고는, 자연스럽게 그래야만 하는 까닭을 깨닫게 되어 모두가 그를 따르게 된다는 것이다.

임금이 정치를 잘하면 《시경》에서 말했듯이 백성들은 그를 부모처럼 우러르게 되는데, 이것도 그 임금이 〈효〉라는 지극한 덕을 실천하고 있기 때문이라는 것이다.

제 14 장

광양명(廣揚名) – 〈효〉는 왜 이름을 남기게 하나

공자께서 말씀하시었다.

"군자는 어버이를 〈효〉로써 섬기기 때문에 〈충〉을 임금에게 옮기어 행할 수가 있고, 형을 우애로써 섬기기 때문에 공순함을 어른에게 옮기어 행할 수가 있으며, 평소에 집안을 잘 다스리기 때문에 그 다스림을 관(官)으로 옮기어 행할 수가 있다.

그래서 그의 행실이 안에서 이루어지고, 이름이 후세에까지 세워지게 되는 것이다."

    자 왈   군자지사친효   고   충가이어군
원문 子曰：君子之事親孝라, 故로 忠可移於君[1]이

    사형제   고   순가이어장   거가 리
오, 事兄悌라, 故로 順可移於長이오, 居家[2]理라,

고　치가이어관
故로 **治可移於官**이니라.

시 이 행 성 어 내　　이 명 립 어 후 세 의
是以行成於內③하고, **而名立於後世矣**니라.

주 ① 忠可移於君(충가이어군)―〈충〉을 임금에게 옮길
수가 있다. 그러나 실은 '〈효〉를 임금에게로 옮기
어 〈충〉을 행할 수 있게 된다'는 뜻. 이하의 경우도
같음. 《대대례(大戴禮)》 본효(本孝)편에 "충은 효의
기본이다.(忠者는, 其孝之本與인저.)"라고 하였다.
② 居家(거가)―평소 집안에서. 집안에 있을 적에.
③ 內(내)―이 '안'이란 무엇에 대한 안인지 분명치 않
다. 학자에 따라 집안이라 보기도 하고, 또 나라
안, 심지어는 자기 안으로 보는 이도 있다.

해의 이 장의 제목인 '광양명(廣揚名)'이 뜻하듯이 첫
장의 "후세에 이름을 드날리게 된다.〔揚名於後世〕"고
한 말에서, 그 '양명(揚名)'이란 실제로 어떤 내용의
말인가를 설명한 글이다.
이 대목도 앞의 여러 장에서 논한 〈효〉의 원리를
'이름을 드날리는' 방향으로 돌리어 해설했을 따름이다.
〈효〉는 〈충〉을 행하게 만들고, 다시 〈우애〉와 〈공순
함〉을 행하게 만든다. 곧 집안을 〈효〉로써 잘 다스리
던 방법을 그는 자기 벼슬자리에도 적용하여 사회도

잘 다스리게 된다. 그러니 〈효〉를 이룩한 사람은 다른 모든 덕행(德行)도 이룩하게 되고, 결과적으로는 큰 공을 이루어 후세에까지도 영원히 이름을 드날리게 된다는 것이다. 그래서 옛날부터 충신을 찾으려면 반드시 효자의 집안으로 가야만 한다고 하였다.

제15장

간쟁(諫諍) — 〈효〉는 올바로 간해야 한다

증자가 여쭈었다.

"자애(慈愛)와 공경(恭敬) 및 어버이를 편안하게 해 드리고 이름을 날리는 것 같은 것에 대하여는 이미 가르침을 들었습니다.

감히 여쭙건대, 자식으로서 아버지의 명령을 좇기만 하면 〈효〉라고 말할 수가 있겠습니까?"

공자께서 말씀하시었다.

"그게 무슨 말이냐, 그게 무슨 말이냐?

옛날에도 천자에게 다투어 간하는 신하 일곱 명만 있으면 비록 무도(無道)하다 하더라도 그의 천하를 잃지 않았고, 제후에게 다투어 간하는 신하 다섯 명만 있으면 비록 무도하다 하더라도 그의 나라를 잃지 않았으며, 대부(大夫)에게 다투어 간하는 신하 세 명만 있으면 비록 무도하다 하더라도 그의 집안을 잃지 않았다.

사(士)에게 다투어 간해 주는 친구가 있다면 그의 몸에서 아름다운 명성이 떠나지 않을 것이며, 아버지에게 다투어 간하는 아들이 있다면 그 자신은 불의(不義)에 빠지지 않을 것이다.

그러므로 의롭지 않은 일에 당면하면 곧 자식으로서는 아버지에게 다투어 간하지 않아서는 안되는 것이며, 신하로서는 임금에게 다투어 간하지 않아서는 안되는 것이다.

그러므로 의롭지 않은 일에 당면하면 곧 그에 대하여 다투어 간하여야만 한다.

아버지의 명령만을 좇아가지고서야 어찌 〈효〉가 이룩될 수 있겠는가?”

원문

증자 왈   약 부 자 애 공 경   안 친 양 명   즉
曾子曰 : 若夫慈愛恭敬과, 安親揚名은, 則

문 명   의
聞命①矣니이다.

감 문   자 종 부 지 령   가 위 효 호
敢問하나니, 子從父之令이면, 可謂孝乎니이까?

자 왈   시 하 언 여   시 하 언 여
子曰 : 是何言與②아, 是何言與아?

석자　천자유쟁신　칠인　　수무도　불
昔者에 天子有爭臣③七人이면, 雖無道라도, 不

실기천하　제후유쟁신오인　　수무도　불
失其天下요, 諸侯有爭臣五人이면, 雖無道라도, 不

실기국　대부유쟁신삼인　　수무도　불
失其國이오, 大夫有爭臣三人이면, 雖無道라도, 不

실기가
失其家니라.

사유쟁우　즉신불리어령명　　부유쟁자
士有爭友면, 則身不離於令名④하고, 父有爭子

즉신불함어불의
면, 則身不陷於不義니라.

고　당불의　즉자불가이부쟁어부　신불
故로 當不義면, 則子不可以不爭於父요, 臣不

가이부쟁어군
可以不爭於君이니라.

고　당불의　즉쟁지
故로 當不義면, 則爭之니라.

종부지령　우언득위효호
從父之令이, 又焉得爲孝乎아?

주　① 聞命(문명)－교명(敎命)을 들었다. 가르침을 들었다.
　　② 是何言與(시하언여)－이게 무슨 말인가? 상대방의
　　　　말이 어처구니가 없어 부정하는 뜻을 나타냄.

③ 爭臣(쟁신)-다투어 간하는 신하. 윗사람의 옳지 못
한 판단을 위험을 무릅쓰며 올바른 도리로써 간하는
사람. 쟁(爭)은 이 장의 제목에 보이는 쟁(諍)과 통
한다.

④ 令名(영명)-아름다운 명성. 훌륭한 이름.

해의 이 장의 제목인 '간쟁(諫諍)'은 윗사람의 잘못된
생각이나 행위에 대하여 아랫사람으로서 올바른 도리
를 내세워 설득시키는 것을 뜻한다. 윗사람이 임금인
경우에는 목숨마저도 거는 행위라서 '다툰다(諍 또는
爭)'는 말로 그러한 올바르면서도 용감한 행위를 표현
한 것이다.

이 장에서는 중요한 〈효〉의 개념의 다른 한 가지
특징을 발견하게 된다. 곧 부모의 뜻이라고 해서 무조
건 따르는 게 〈효〉가 아니라는 것이다. 아무리 부모
라 하더라도 올바르지 못한 생각을 갖거나 그릇된 행
동을 할 적에는 자식으로서 올바른 도리를 내세워 설
복시키는 것이 〈효〉라는 것이다. 부모님의 성격이 무
섭고 독단적이라 하더라도 의롭지 않은 것을 그대로
보고 있는 것은 자식으로서의 도리가 아니라는 것이다.

《예기(禮記)》제의(祭義)편에서도 증자(曾子)의 말
을 인용하여 "군자의 이른바 효라는 것은 먼저 마음
을 살피고 뜻을 받들어, 부모님께 올바른 도리를 깨우

쳐 드리는 것이다.(君子之所謂孝者는, 先意承志하여, 諭父母於道니라.)"라 말하고 있다.

이러한 〈효〉에 있어서의 간쟁(諫諍)의 개념은 밖으로 임금이나 윗사람 또는 친구들에 대하여도 적용된다. 따라서 아무리 부모의 뜻이라 하더라도 올바른 도리에 벗어나지 않도록 해야만 〈효〉가 된다는 것이다. 곧 의롭지 못하고 옳지 못한 〈효〉란 생각할 수도 없는 성질의 것이다.

제 16 장

감응(感應) ―〈효〉에 대한 신명(神明)의 감응

공자께서 말씀하시었다.

"옛날에 명철한 임금들은 아버지를 〈효〉로써 섬겼기 때문에 하늘을 섬김에 밝게 하였고, 어머니를 〈효〉로써 섬겼기 때문에 땅을 섬김에 분명히 살펴서 하였다.

어른과 아이들이 도리를 따랐기 때문에 위아래가 잘 다스려졌고, 하늘과 땅을 잘 밝히고 살펴어서 신명(神明)을 드러나게 하였다.

그러므로 비록 천자라 하더라도 반드시 더 존귀한 분이 계시니 그것은 아버지가 있음을 말하는 것이며, 반드시 선배가 있는 것이니 그것은 형들이 있음을 말하는 것이다.

종묘(宗廟)에 가서 공경을 다하는 것은 어버이를 잊

지 않기 때문이며, 몸을 닦고 행실을 삼가는 것은 선조들에게 욕되는 일이 있을까 두려워하기 때문이다.

　종묘에 가서 공경을 다하면 조상의 귀신이 드러나게 된다.

　〈효〉와 우애의 지극함은 신명(神明)에게도 통하고, 온 세상에 빛나서 통용되지 않는 곳이 없게 되는 것이다."

　《시경》에 이르기를, "서쪽으로부터 동쪽에 이르기까지, 남쪽으로부터 북쪽에 이르기까지 복종치 않는 이가 없다."고 하였다.

원문　子曰 : 昔者에 明王은, 事父孝라, 故로 事天明①하고, 事母孝라, 故로 事地察②하니라.

長幼順③하니, 故로 上下治하고, 天地明察하여, 神明④彰⑤矣니라.

故로 雖天子라도, 必有尊也하니, 言有父也요, 必有先也하니, 言有兄也니라.

　　종묘 치 경　　　불 망 친 야　　　수 신 신 행　　　공 욕
宗廟致敬[6]**은, 不忘親也**요, **脩身愼行**은, **恐辱**

선 야
先也니라.

　　종묘 치 경　　　귀 신　저　의
宗廟致敬이면, **鬼神**[7]**著**[8]**矣**니라.

　　효 제 지 지　　　통 어 신 명　　　광 우 사 해　　　무 소
孝悌之至는, **通於神明**하고, **光于四海**하여, **無所**

불 통
不通이니라.

　　시　운　　자 서 자 동　　　자 남 자 북　　　무 사　불
詩[9]**云：自西自東**하며, **自南自北**하여, **無思**[10]**不**

복
服이라 하니라.

　주　① 事天明(사천명)―하늘을 섬김에 밝게 하였다. 하늘
　　　　의 도를 밝히었음을 뜻함.《역경(易經)》설괘전(說
　　　　卦傳)에 "건(乾)은 하늘이니 그래서 아버지라 부른
　　　　다." "건(乾)은 하늘도 되고 아버지도 된다." 하였
　　　　으니, 아버지를 섬기는 일이 하늘을 섬기는 일과
　　　　통할 수밖에 없다.
　　　② 事地察(사지찰)―땅을 섬김에 잘 살피다. 땅의 이치
　　　　를 분명하게 살피는 것.《역경》설괘전(說卦傳)에
　　　　"곤(坤)은 땅이니 그래서 어머니라 부른다." "곤
　　　　(坤)은 땅도 되고 어머니도 된다." 하였으니, 어머니

를 섬기는 일은 땅을 섬기는 일과 통할 수밖에 없는
것이다.

③ 順(순)―순조롭다. 도리를 잘 따르다.

④ 神明(신명)―하늘과 땅의 신(神)들.

⑤ 彰(창)―밝히다. 밝게 드러나다. 하늘과 땅의 신명
이 사람들의 정성과 올바른 행위를 밝게 살피어 그
에게 복을 내려줌을 뜻한다.

⑥ 致敬(치경)―공경을 다하다. 정성껏 제사를 지내는
것을 뜻함.

⑦ 鬼神(귀신)―돌아가신 조상들의 신령(神靈).

⑧ 著(저)―나타나다. 여기서는 조상들의 신령이 내려
와 제사를 잘 받아 잡숫는 것을 뜻한다.

⑨ 詩(시)―《시경》 대아(大雅) 문왕유성(文王有聲)편에
보이는 구절.

⑩ 思(사)―《시경》에 많이 쓰이고 있는 조사임.

해의 지극한 〈효〉는 하늘의 도나 땅의 이치에도 통하는
것이어서, 〈효〉를 통해 사람들이 평화롭고 행복하게
잘살게 될 수 있을 뿐만 아니라 하늘과 땅의 신명(神
明)까지도 거기에 감응(感應)하여 〈효〉를 행하는 사
람에겐 복을 내려주게 된다는 것이다.

여기서 부모님을 섬기는 일을 하늘과 땅을 섬기는
일에 합쳐 논하고 있는 것은 《역경(易經)》 설괘전(說
卦傳)에서 "건(乾)은 하늘이니 그래서 아버지라 부르

고, 곤(坤)은 땅이니 그래서 어머니라 부른다.(乾은 天
也니, 故로 稱乎父요, 坤은 地也니, 故로 稱乎母라.)"
또 "건은 하늘이 되고 아버지가 된다. ……곤은 땅이
되고 어머니가 된다.(乾은 爲天하고, 爲父니라. ……坤
은 爲地하고, 爲母니라.)"고 한 사상을 바탕으로 한 것
이다.

그리고 〈효〉는 살아계신 부모를 잘 모시는 것뿐만
이 아니라 돌아가신 부모나 조상들에 대하여도 공경
하는 마음으로 제사를 드려야 함을 뜻한다. 따라서
사람들이 제사를 드리면 조상들의 영혼도 기뻐하며
제사를 받을 것은 물론, 그의 자손들이 행복하도록
도울 것이다.

이처럼 지극한 〈효〉는 천지신명에게도 통하고 돌아
간 분들의 신령에게도 통하여, 온 세상에 퍼지게 되는
것이다. 그 때문에 그러한 위대한 〈효〉를 이룩한 사람
이 있다면 세상의 모든 사람이 그를 우러르고 따르게
된다는 것이다. 제목인 감응이란 말은 지극한 〈효〉는
사람들에게만 통하는 것이 아니라 천지신명까지도 감
응(感應)케 하는 힘을 가진 위대한 것이라는 뜻이다.

제17장

사군(事君) - 〈효〉로써 임금을 섬기는 원리

공자께서 말씀하셨다.

"군자가 임금을 섬김에 있어서는 조정에 나아가서는 〈충〉을 다할 것을 생각하고, 집으로 물러나서는 임금의 잘못을 고칠 것을 생각하여, 임금의 아름다운 뜻에는 순종하고, 임금의 그릇된 생각은 바로잡아 주는 것이다.

그래서 위아래가 서로 친애(親愛)할 수가 있게 되는 것이다."

《시경》에 이르기를, "마음으로 사랑하거늘 어찌 사랑한다 말하지 않으리? 마음 속에 언제나 품고 있거늘 어찌 하루인들 잊을손가?"라고 하였다.

원문

子曰：君子之事上^①也엔,　進^②思盡忠하고,

退^③思補過^④하여,　將^⑤順其美하고,　匡救^⑥其惡이니라.

故로 上下能相親也니라.

詩^⑦云：心乎愛矣어늘, 遐^⑧不謂^⑨矣리오? 中心

藏^⑩之어늘, 何日忘之리오라 하니라.

주

① 事上(사상)－상(上)은 임금. 사군(事君)과 같다.

② 進(진)－조정에 나아가다. 나아가 벼슬하는 것.

③ 退(퇴)－집으로 물러나는 것.

④ 補過(보과)－잘못을 고치다. 여기서는 뒤 문장과의 연결을 생각할 때 '임금의 잘못을 고쳐주는 것'으로 보아야 한다. 송(宋)대의 진덕수(眞德秀)는 이 구절에 대하여 "나아가 그의 임금을 만나면 자기의 충성을 다할 것을 생각하고, 자기 집으로 물러 나와서는 임금의 잘못을 바로잡아 줄 것을 생각한다.(進見其君하면, 則思盡己之忠하고, 退適私室하여는, 則思補君之過니라.)"라 설명하고 있다.

⑤ 將(장)－행(行)과 뜻이 통함.

⑥ 匡救(광구)－광(匡)은 정(正)의 뜻으로 바로잡다. 잘

못을 '바로잡아 다시 못하게 하는 것'.

⑦ 詩(시)─《시경》 소아(小雅) 습상(隰桑)편에 보이는 구절.

⑧ 遐(하)─하(何)와 통하여(朱熹《詩集傳》), 어찌.

⑨ 不謂(불위)─말하지 않겠는가? 알려주지 않겠는가?

⑩ 藏(장)─사랑을 간직하고 있는 것.

해의 이 장에서는 〈효〉로써 임금을 섬기는 법을 다시 한번 구체적으로 해설하고 있다. 조정에 나아가 직접 일을 할 적에는 〈효〉를 바탕으로 한 〈충〉을 다하고, 집으로 물러나와서도 언제나 임금의 결함을 보충해 드리는 방법을 성실히 생각하여야 한다는 것이다. 그럼으로써 훌륭한 일은 더욱 발전하고 잘못된 일은 즉시 바로잡힐 수가 있다. 제1장에서도 "〈효〉라는 것은 어버이를 섬기는 데서 시작하여, 다음으로는 임금을 섬기고, 끝으로는 자신을 올바로 간수하는 것이다."고 강조하였다.

그리고 〈효〉를 위하여 이처럼 정성을 다할 때 임금과 신하는 서로 친애(親愛)의 정을 지닐 수가 있다는 것이다. 《시경》에서 노래했듯이 언제나 임금을 사랑하는 마음을 지니고, 성의를 다하여 일하는 것이 임금을 모시는 데 있어서의 〈효〉의 길이라는 것이다.

임금에 대한 〈충〉에 연결시켜 〈효〉를 논하고 있는

것을 보면 《효경》이란 책이 한(漢)대에 들어와서 완성되었을 가능성이 많다.

제 18 장

상친(喪親) ― 부모 사후의 〈효〉

공자께서 말씀하시었다.

"효자가 어버이의 상(喪)을 당하면 곡을 하되 쓸데없는 소리는 내지 않고, 예를 차리는 데 있어서는 겉모습을 따지지 않으며, 말하는 데 있어서는 멋지게 꾸미지 않는다.

아름다운 옷을 입으면 불안하고, 음악을 들어도 즐겁지 않으며, 맛있는 음식을 먹어도 달지 않다.

이것은 슬픈 정 때문이다.

사흘만에 음식을 먹는 것은 백성들에게 죽은 이 때문에 산 사람을 상케 하지 않고, 수척한 나머지 목숨을 손상시키지 않도록 가르치기 위한 것이다.

이것이 성인(聖人)의 정치인 것이다.

　복상(服喪)을 3년 넘지 않게 하는 것은 백성들에게 끝이 있음을 보여주려는 것이다.

　관(棺)과 덧관과 수의(壽衣)와 염포(殮布)를 마련하여 시신(屍身)을 관에 모시고, 제기(祭器)를 벌여놓고서 그분을 슬퍼하며, 가슴을 치고 발을 구르며 곡을 하며 슬픔 속에 영구(靈柩)를 내보내고, 무덤 자리를 골라 편안히 그곳에 그분을 모신다.

　그리고는 종묘(宗廟)를 만들어 그분의 혼(魂)을 모시고, 봄·가을로 제사를 지내며, 때때로 그분을 사모하는 것이다.

　살아서는 사랑과 공경으로 섬기고, 죽어서는 슬픔으로 섬기면 살아있는 사람으로서의 본분을 다하게 되는 것이니, 이에 죽음과 삶의 의리(義理)가 다 갖추어지고, 효자로서 어버이를 섬기는 일이 끝나게 되는 것이다.”

원문
　자 왈　　효 자 지 상 친 야　　곡 불 의　　　　예 불
子曰：孝子之喪親也엔, 哭不偯①하고, 禮不

용②　　　언 불 문
容②하며, 言不文③하니라.

복 미 불 안　　　문 악 불 락　　식 지　불 감
服美不安④하고, 聞樂不樂하며, 食旨⑤不甘하니라.

차 애 척　지 정 야
此哀戚⑥之情也니라.

삼 일 이 식
三日而食[7]은,　敎民無以死傷生하고,　毀不滅

성
性[8]이라.

차 성 인 지 정 야
此聖人之政也니라.

상 불 과 삼 년　　시 민 유 종 야
喪不過三年[9]은, 示民有終也니라.

위 지 관 곽 의 금　이 거 지　　　진 기 보 궤　이 애
爲之棺槨衣衾[10]而擧之[11]하고,　陳其簠簋[12]而哀

척 지　　　벽 용　　곡 읍　　애 이 송 지　　복 기
慼之[13]하며,　擗踊[14]哭泣하여, 哀以送之하고,　卜[15]其

택 조　　　　이 안 조 지
宅兆[16]하여,　而安措[17]之하니라.

위 지 종 묘　　　이 귀 향 지　　춘 추 제 사
爲之宗廟[18]하여, 以鬼享之[19]하고, 春秋祭祀하여,

이 시 사 지
以時思之니라.

생 사 애 경　　사 사 애 척　　생 민 지 본 진 의
生事愛敬하고, 死事哀慼이면, 生民之本盡矣니,

사 생 지 의 비　　효 자 지 사 친 종 의
死生之義備요, 孝子之事親終矣니라.

주　① 哭不偯(곡불의)-의(偯)는 여성(餘聲). 일부러 내

는 울음소리. 따라서 '곡은 하되 쓸데없이 길게 소
리를 내지는 않는다'는 뜻.

② 禮不容(예불용)-예를 차리되 자기 용모나 차림새
에는 신경을 쓰지 않는다는 뜻.

③ 言不文(언불문)-말을 함에 있어 멋지게 꾸미어 말
을 하지 않는다. 곧 아름답게 꾸미는 말을 하지 않
는다는 뜻.

④ 服美不安(복미불안)-아름다운 옷을 입는 것을 불
안하게 생각하다. 그래서 상복(喪服)을 입었던 것
이다.

⑤ 旨(지)-맛있는 음식.

⑥ 戚(척)-슬픔. 척(慽)과 같음.

⑦ 三日而食(삼일이식)-부모의 상을 당하면 곧 굶다
가 염(斂)을 끝내고 사흘만에야 죽을 먹는 게 보통
이었다.

⑧ 毁不滅性(훼불멸성)-훼(毁)는 부모가 돌아가시어
슬픔에 몸이 수척해지는 것, 멸성(滅性)은 본성을
망치다. 곧 목숨을 손상시키는 것.

⑨ 三年(삼년)-부모의 상을 당하면 자식으로서 3년
복상하는 것이 태곳적부터의 풍습이었다. 그래서
공자도 "3년상은 천하에 통용되는 예"〔《논어》양
화(陽貨)편〕라 하였다.

⑩ 棺槨衣衾(관곽의금)-관(棺)은 나무로 짠 관, 곽
(槨)은 곽(槨)으로도 쓰며 관을 다시 넣는 덧관. 의
(衣)는 죽은 이에게 염을 할 때 입히는 수의(壽衣),
금(衾)은 시체의 이불 역할을 하는 염포(殮布). 옛

날에는 죽은 지 이틀만에 죽은 이의 몸을 깨끗이
씻기고 수의를 입힌 다음 염포로 싸서 잘 묶은 다
음 관에 넣었다.

⑪ 擧之(거지)－시체를 염(殮)한 다음 들어서 관에 잘
모시는 것.

⑫ 簠簋(보궤)－본시는 대나무로 만든 제기(祭器). 보
(簠)는 모양이 모나고, 궤(簋)는 모양이 둥글었는
데 모두 제물을 담는 데 썼다.

⑬ 哀慼之(애척지)－그를 슬퍼하다. 제물을 차려 놓아
도 부모님은 나타나시지 않으므로 더욱 슬퍼하는
것이다.

⑭ 擗踊(벽용)－가슴을 치고 발을 구르는 것. 영구를
내보낼 때 남자는 발을 구르고, 여자는 가슴을 치
면서 슬퍼했다 한다.

⑮ 卜(복)－본시는 거북점을 치는 것. 옛날 중국에서
는 중대한 일을 결정할 때에는 반드시 거북점이나
역점(易占)을 쳤다. 여기서는 '신중히 고르는 것'.

⑯ 宅兆(택조)－본시 택(宅)은 묘혈(墓穴), 조(兆)는
묘역(墓域)을 가리킴. 여기서는 '무덤자리'의 뜻.

⑰ 措(조)－잘 묻고 무덤을 만드는 것.

⑱ 宗廟(종묘)－중국에는 천자로부터 사(士)에 이르는
신분의 집안에는 모두 종묘가 있어 조상들의 신위
(神位)를 모시었다. 따라서 장례를 치른 다음 돌아
가신 이의 혼이 담긴 신주(神主)를 종묘에 모시고,
그때부터는 조상들과 함께 신으로서 제사를 지내
었다.

⑲ 以鬼享之(이귀향지)-부모의 혼을 모시고 신으
로서 제사지내는 것.

해의 여기서는 부모님이 돌아가신 다음에 〈효〉를 행하
는 방법에 대하여 해설하고 있다. 〈효〉는 부모가 살
아계실 때나 마찬가지로 돌아가신 뒤에도 역시 중요
한 것이다. 〈효〉가 부모의 은혜에 대한 감사와 부모
와 자식간의 친애의 정을 바탕으로 본인의 정성을 통
하여 이루어지는 것이라면, 부모가 눈앞에 계시거나
돌아가셨거나 간에 〈효〉는 그대로 계속되는 수밖에
없을 것이다. 부모가 돌아가셨다고 해서 그 은혜가 없
어지고, 부모에 대한 친애의 정이 사라지지는 않을 것
이기 때문이다.

여기에서는 부모가 돌아가신 뒤의 자식으로서 곡하
는 법, 말과 행동을 하는 법에서 시작하여, 염(殮)을
하여 장사를 지낸 다음 제사를 지내는 방법에 이르기
까지 간략하게 설명되고 있다. 〈효〉는 이처럼 사후의
모든 일에까지 빈틈없는 성의가 가하여질 때, 생전
의 〈효〉와 합쳐져 비로소 완성이 된다는 것이다.

《예기(禮記)》제통(祭統)편에도 "효자가 부모를 섬
기는 데에는 세 가지 도가 있다. 살아계실 적에는 부
양을 해드리고, 돌아가시면 상례(喪禮)를 치르고, 상

례를 끝낸 다음에는 제사를 모시는 것이다.(孝子之事
親也엔, 有三道焉이니라. 生則養하고, 沒則喪하며, 喪畢
則祭니라.)"라고 말하고 있다.

　후세에 상복(喪服)을 효의(孝衣) 또는 효복(孝服)
이라 부르고, 부모님 상을 당했을 적에 복상(服喪)하
는 것도 〈효〉라 부르게 된 것도 이 때문이다.

부 록

사서(四書)에 보이는 효론(孝論)

《논어(論語)》에 보이는 효론

1. 유자(有子)가 말하였다. "그 사람됨이 효성스럽고 공순하면서도 윗사람을 거스르기를 좋아하는 사람은 드물다. 윗사람을 거스르기 좋아하지 않으면서도 혼란을 일으키기 좋아하는 사람은 있을 수가 없다. 군자는 근본에 대하여 힘써야만 하는 것이니, 근본이 서야만 올바른 도(道)가 생겨난다. 효도와 공순함이라는 것은 인(仁)을 행하는 근본이 되는 것이다."

원문
유자 왈 기위인야효제 이호범상 자
有子①曰：其爲人也孝弟②요, 而好犯上②者

선 의 불호범상 이호작란자 미지
는, 鮮④矣니라. 不好犯上이오, 而好作亂者는, 未之

유야 군자 무본 본립이도생
有也니라. 君子는 務本⑤하나니, 本立而道生하니라.

효제야자 기위인지본여
孝弟也者는, 其爲仁之本與인저! ＊ 학이(學而)편

주 ① 有子(유자)─공자의 제자. 성이 유(有). 이름은 약(若), 노(魯)나라 사람.

② 孝弟(효제) – 효(孝)는 효도, 제(弟)는 형이나 윗사람을 잘 받들고 따르는 것, 공순(恭順)한 것. 제(悌)로도 쓴다.

③ 犯上(범상) – 윗사람을 범하다. 윗사람을 거스르다.

④ 鮮(선) – 드물다.

⑤ 務本(무본) – 근본에 힘쓰다.

해의 유자는 효도와 공순함이 인(仁)의 근본임을 밝히고 있다. 이는 집안에서의 효도와 공순함의 정신을 밖에까지도 확충(擴充)해 나감으로써 온 세상에 올바른 기풍을 이룩하려 했던 공자의 정신을 계승한 것이다. 《효경》에서 "효란 덕의 근본이다.(夫孝者는, 德之本也니라.)"고 말한 것도 바로 그 때문이다.

2. 공자께서 말씀하셨다. "젊은이들은 들어와서는 효도를 하고, 나가서는 윗사람에게 공순해야 하며, 근신하고 신의를 지키고, 널리 여러 사람을 사랑하며 인(仁)을 친근히 하여야 한다. 이렇게 하고도 남는 힘이 있으면 곧 글을 공부하는 것이다."

원문
자 왈 제 자 입 즉 효   출 즉 제   근 이 신
子曰：弟子①入則孝하고, 出則弟하며, 謹而信

범 애 중   이 친 인   행 유 여 력
하며, 汎②愛衆하되, 而親仁③이니라. 行有餘力이어

즉 이 학 문
든, **則以學文**④이니라.　　　　　　 * 학이(學而)편

주 ① 弟子(제자)－부형(父兄)의 대가 되는 말로 여기서
　　 는 후생(後生)의 젊은이들.
　　② 汎(범)－널리.
　　③ 仁(인)－인한 사람으로 보아도 좋다.
　　④ 文(문)－육경(六經) 같은 글. 곧 지금의 학문(學
　　 問).

해의 여기서는 효를 바탕으로 한 공자의 실천주의(實踐
主義)를 밝히고 있다. 무엇보다 집안에서 효를 행한
뒤 그 감정을 넓히어 밖에 나가서는 친구나 동료들과
잘 지내고, 모든 사람을 사랑하는 인(仁)을 이룩해야
한다는 것이다. 이러한 정신 수양이 글 공부보다도 더
중요한 일이라는 것이다.

3. 자하가 말했다. "어진 사람을 어질게 여기며 여색
(女色)을 경시하고, 부모를 섬김에 제 힘을 다할 줄 알
며, 임금을 섬김에 제 몸을 바칠 줄 알며, 벗들과 사귐
에 그의 말에 신의가 있다면, 비록 그가 공부하지 않았
다 하더라도 나는 반드시 그를 가리켜 공부한 사람이
라 하겠다."

원문　자하　왈　현현　　　역색　　　사부모
子夏①曰 : 賢賢②하되 易色③하며, 事父母하되

능갈 기력　　사군　능치기신　　여붕우
能竭④其力하며, 事君하되 能致其身⑤하며, 與朋友

교　언이유신　　수왈미학　　오필위지
交하되, 言而有信이면, 雖曰未學이라도, 吾必謂之

학 의
學矣라 하리라.　　　　　　　＊ 학이(學而)편

주　① 子夏(자하)－공자의 제자. 성은 복(卜), 이름은 상
　　　(商), 자가 자하임.

　　② 賢賢(현현)－앞의 것은 동사, 뒤의 것은 명사. 곧
　　　현명한 사람을 현명하게 받드는 것.

　　③ 易色(역색)－여색(女色)을 좋아하는 마음을 바꾸다.
　　　여색을 경시하다. 앞 "현현"과의 관계를 "호색(好
　　　色)하는 마음을 바꾸어 어진 사람을 어질게 여기고
　　　받든다."로 새겨도 된다.

　　④ 竭(갈)－다하다, 힘을 다하다.

　　⑤ 致其身(치기신)－그의 몸을 바치다. 제 몸을 희생
　　　시키다.

해의　여기서도 자하는 공자의 학문의 실천주의적 경향
을 밝히고 있다. 학문에 있어서는 글을 배우는 것보다
도 도덕적인 수양이 더욱 중요하다는 것이다. 그리고
도덕면에 있어 효도는 '제 힘을 다해야만 하는 것'임
을 강조하고 있다.

4. 증자가 말하였다. "부모의 상을 신중히 치르고 선조의 제사를 잘 모시면, 백성의 덕이 돈후(敦厚)하게 될 것이다."

원문
증자왈　신종　추원　　민덕　귀후　의
曾子曰：愼終①追遠②이면, 民德이 歸厚③矣

니라.　　　　　　　　　　　　　* 학이(學而)편

주　① 愼終(신종)―마지막을 삼가다. 부모의 상을 신중히 치르다.
　② 追遠(추원)―먼 조상들을 추모하다. 조상들의 제사를 잘 모시다.
　③ 歸厚(귀후)―돈후함으로 돌아가다. 돈후해지다.

해의　〈효〉란 살아계신 부모뿐만 아니라, 돌아가신 부모님의 상을 삼가 잘 치르고 조상들의 제사를 잘 모시는 일도 그 중요한 요건의 하나라고 생각했던 것이다. 부모님은 돌아가신 뒤에도 가슴 속에 잘 모셔야 한다는 뜻에서이다.

5. 공자께서 말씀하셨다. "아버지가 살아계실 적에는 그분의 뜻을 잘 살펴야 하고, 아버지가 돌아가신 다음엔 그분의 행적을 잘 살펴야 한다. 3년을 두고 아버지의 도를 고치지 않는다면 효성스럽다고 할 수가 있을

것이다."

원문 　　자 왈　부 재　관　기 지　　부 몰　　관 기 행
子曰；父在에, 觀^①其志요, 父沒^②에, 觀其行

　　　삼 년　무 개 어 부 지 도　가 위 효 의
이라. 三年을 無改於父之道면, 可謂孝矣니라.

　　　　　　　　　　　　　　　* 학이(學而)편

주 ① 觀(관)—살피다. 잘 살피어 뜻을 받드는 것.
② 沒(몰)—죽다. 돌아가다.

해의 부친이 생존해 계실 적에는 자식을 통하여 아버지
의 뜻이 드러나고, 돌아가신 다음에는 다시 자식을 통
하여 아버지의 행실이 드러난다. 그것은 자식이란 아
버지의 뜻과 가르침을 잘 살피어 받들어야 하기 때문
이다. 그러기에 아무리 자식이 아버지보다 훌륭하다
하더라도 아버지가 돌아가신 뒤 적어도 3년 동안은
선친의 뜻을 따라 살아가는 것이 〈효〉라는 것이다.

6. 맹의자가 〈효〉에 대하여 묻자, 공자께서 "어기지
않는 것이다."라고 대답하셨다.

번지가 수레를 몰고 있었는데 공자께서 그에게 말
씀하셨다. "맹손이 나에게 〈효〉를 묻기에, 나는 어기
지 않는 것이라고 대답하였네." 번지가 "무슨 뜻입니

까?"하고 묻자 공자께서 말씀하셨다. "부모가 살아계실 적에는 예로써 섬기고, 돌아가시면 예로써 장사를 지내고, 예로써 제사를 모셔야 한다는 것이다."

 맹의자 문효 자왈 무위
孟懿子①問孝하니, 子曰 ; 無違②라 하니라.

번지 어 자고지왈 맹손 문효어아
樊遲③御④러니, 子告之曰 ; 孟孫⑤이 問孝於我

아대왈 무위 번지왈 하위야
어늘, 我對曰, 無違라 하니라. 樊遲曰 ; 何謂也니꼬?

자왈 생사지이례 사장지이례 제지이
子曰 ; 生事之以禮하며, 死葬之以禮하며, 祭之以

례
禮니라. * 위정(爲政)편

주 ① 孟懿子(맹의자)—노(魯)나라의 대부(大夫)로 이름
은 하기(何忌). 계손씨(季孫氏)·숙손씨(叔孫氏)와
함께 노나라에서 세도를 부리던 맹손씨(孟孫氏) 집
안 사람.
② 無違(무위)—어기지 말라. 뒤의 문맥으로 보아 〈예〉
를 어기지 말라는 뜻.
③ 樊遲(번지)—공자의 제자, 이름은 수(須), 노나라
사람.
④ 御(어)—수레를 모는 것.
⑤ 孟孫(맹손)—여기서는 맹의자를 가리킴.

[해의] 공자는 제자들의 질문에 대답하고 그들을 가르칠 때 언제나 상대방의 성격에 알맞는 대답이나 교육방법을 택하였다. 맹의자는 노나라의 세도가(勢道家)로서 예에 어긋나는 짓을 멋대로 하던 사람 중의 하나였으므로, 공자는 특히 〈효〉에 있어서도 〈예〉를 지킬 것을 강조하고 있는 것이다. 《논어》를 보면[특히 팔일(八佾)편] 이들 세도가들이 비례무도(非禮無道)한 짓을 하는 데 대한 공자의 분노가 여러 곳에 표현되어 있다.

7. 맹무백이 〈효〉에 대하여 묻자, 공자께서 말씀하셨다. "부모는 오직 그 자식의 병을 걱정하신다."

[원문]
맹 무 백 문 효　　자 왈　부 모　　유 기 질 지
孟武伯①問孝한대. 子曰；父母는, 唯其疾之
우
憂시니라.　　　　　　　　　　　　　＊ 위정(爲政)편

[주] ① 孟武伯(맹무백)—앞에 나온 맹의자의 아들, 이름은 체(彘).

[해의] 병만은 사람의 힘으로 어쩔 수가 없는 것이다. 자기의 병 이외의 다른 일로는 절대로 부모에게 걱정을 끼쳐 드리지 않는 게 〈효〉라고 풀이하는 이들도 많다.(漢代의 馬融, 邢昺의 疏)

　　그러나 주희(朱熹)는《사서집주(四書集註)》에서 공
자의 말을 "부모는 오직 자식의 병을 걱정한다."고 풀
고 있다. 자식된 사람은 자기 몸을 잘 간수하여 병에
걸리지 않도록 하는 것이 〈효〉라는 것이다.《효경》에서
도 증자는 "신체와 머리 피부는 모두 부모에게서 받은
것이니 감히 손상시키지 않는 것이 〈효〉의 시작이다.
(身體髮膚는, 受之父母니, 不敢毁傷이, 孝之始也니라.)"
라고 말하고 있다.

　　부모님의 지극한 사랑을 강조하는 뜻으로 주희와
같이 풀이하는 것이 좋을 듯하다.

8. 자유가 〈효〉에 대하여 여쭙자, 공자께서 말씀하
셨다. "근자에는 효도를 잘 부양하는 것만으로 생각하
나, 개와 말에 이르기까지도 모두 부양을 하고 있다.
공경하지 않는다면 무엇으로 구별하겠는가?"

[원문]

子游①問孝한대, 子曰 : 今之孝者는, 是謂能
자유 문효　　　자왈　금지효자　시위능

養②이나, 至於犬馬하여도, 皆能有養이니라. 不敬이
양　　　지어견마　　개능유양　　불경

면, 何以別乎리오?　　　　　　　　* 위정(爲政)편
하이별호

주 ① 子游(자유)−공자의 제자. 성은 언(言), 이름은 언(偃), 오(吳)나라 사람.

② 能養(능양)−잘 부양해 드리다.

해의 〈효〉란 물질적인 봉양만으로 이루어지는 게 아니다. 거기에는 부모를 공경하는 정성이 함께 깃들어야 된다는 것이다.

9. 자하가 〈효〉에 대하여 여쭙자, 공자께서 말씀하셨다. "부모님의 기색을 살피기가 어렵지. 일이 있으면 자제들이 그 노고를 맡고, 술과 음식이 있을 적에 어른에게 드시도록 한다고 해서, 이것만으로 효도라 할 수 있겠느냐?"

원문

자 하 문 효　　자 왈　색 난　　유 사　　제
子夏問孝하니, 子曰 : 色難①이라. 有事면, 弟

자 복 기 로　　　유 주 식　　　선 생　찬　　증
子②服其勞③하고, 有酒食이면, 先生④饌⑤이, 曾

시　이 위 효 호
是⑥以爲孝乎아?　　　　　　＊ 위정(爲政)편

주 ① 色難(색난)−부모의 기색을 살피어 거기에 따라 잘 모시기가 어렵다. 주희(朱熹)는 《집주(集註)》에서 "부드럽고 기쁜 안색으로 부모를 섬기기가 어렵다."고 풀이하였다.

② 弟子(제자)—자제들. 집안의 젊은이들.
③ 服其勞(복기로)—그 수고를 다하다.
④ 先生(선생)—부형들. 집안의 어른들.
⑤ 饌(찬)—식사하다, 드시게 하다.

해의 여기서도 〈효〉란 물질적인 봉양이나 힘에 의한 봉사만으로 이루어지는 것이 아님을 강조하고 있다. 부모의 기색을 살피어 그에 따라 적절히 행동한다는 것은 정말 쉽지 않은 일일 것이다. 주희(朱熹)의 해설대로 언제나 부드러운 얼굴빛을 하고 부모를 섬기기도 쉽지 않을 것이다. 〈효〉란 일정한 형식보다도 부모와 자식 사이의 미묘한 관계가 모두 원만히 자연스럽게 돌아가도록 되어야만 한다는 것이다.

10. 계강자가 여쭈었다. "백성으로 하여금 공경스럽고 충성되며 부지런히 힘쓰게 하려면 어떻게 하면 되겠습니까?"

공자께서 말씀하셨다. "백성을 위엄을 가지고 대하면 공경스러워지고, 〈효〉와 자애(慈愛)를 행하게 하면 충성스러워지고, 선인(善人)은 등용하고 무능한 사람은 가르쳐 주면 부지런히 힘쓰게 되지요."

원문
季康子^①問：使民敬忠以勸^②은, 如之何니
계 강 자　문　사 민 경 충 이 권　　여 지 하

이까?

　　자왈　임지　이장　즉경　　효자즉충　　거
子曰：臨之③**以莊**④**則敬**하고, **孝慈則忠**하고, **擧**

선　이교불능즉권
善⑤**而敎不能則勸**이니라.　　　　　* 위정(爲政)편

주　① 季康子(계강자)─노(魯)나라의 대부, 계손씨(季孫
　　　氏) 집안 사람. 이름은 비(肥). 노나라 세도가 중의
　　　한 사람이었다.
　　② 勸(권)─권면(勸勉)하다. 부지런히 힘쓰다.
　　③ 臨之(임지)─그들을 대하다, 백성에게 군림하다.
　　④ 莊(장)─장중(莊重)함. 용모와 행동이 단정하고 위
　　　엄이 있는 것.
　　⑤ 擧善(거선)─선한 사람을 들어 쓰다, 훌륭한 사람
　　　을 등용하다.

해의　지배자가 백성으로 하여금 자기에게 충성을 다하
도록 하려면, 먼저 백성들이 자식은 부모에게 효도를
다하고, 부모는 자애롭도록 만들어야 한다는 것이다.
공자는 이처럼 〈충〉과 〈효〉는 불가분의 관계에 있는
것이라고 생각했던 것이다.

11. 어떤 사람이 공자에게 여쭈었다. "선생님께서는
왜 정치를 하지 않으십니까?"
　공자께서 대답하셨다. "《서경》에 이르기를, '효도하

라! 오로지 효도하고 형제에게 우애를 다함으로써 그
것을 시정(施政)에 반영시켜라' 하였소. 이것도 역시
정치를 하는 것이어늘, 어찌 따로 정치를 할 것이 있
겠소?"

원문
　　　혹　위공자왈　자해　불위정
或이 謂孔子曰：子奚①不爲政이시니이꼬?

　　자왈　서　운　효호　　유효　　우우형제
子曰：書②云, 孝乎인저! 惟孝하며, 友于兄弟하

　　시　어유정　　　　시역위정　　　해기위
여, 施③於有政이라하니라. 是亦爲政이어늘, 奚其爲

위정
爲政이리오.　　　　　　　　　　　＊ 위정(爲政)편

주
① 奚(해)－어찌하여. 하(何).
② 書(서)－《서경(書經)》주서(周書) 군진(君陳)편〔僞
古文〕에 보이는 글.
③ 施(시)－베풀다, 시행하다.

해의 덕(德)으로 다스리는 세상에 있어서의 정치는 벼슬
하는 것만이 아니다. 사회에 〈효〉를 바탕으로 한 올바
른 윤리를 세우는 것도 정치참여라는 것이다. 왜냐하
면 개인의 〈효〉나 〈우애〉 같은 덕을 온 세상에 펴 나
가는 데서 덕치(德治)가 이루어지기 때문이다.

12. 공자께서 말씀하셨다. "제 귀신도 아닌데 그것을 제사지내는 것은 아첨이다. 의로운 것을 보고도 행하지 않는 것은 용기가 없는 것이다."

원문
자 왈   비 기 귀   이 제 지   첨 야   견 의 불
子曰：非其鬼①而祭之면, 諂②也요, 見義不

위   무 용 야
爲는, 無勇也니라.   * 위정(爲政)편

주   ① 其鬼(기귀)—제 귀신, 자기가 모셔야 할 귀신.
     ② 諂(첨)—아첨.

해의   한(漢)대의 정현(鄭玄)은 여기의 '귀'는 인신(人神)
       을 뜻한다 하였다(《論語注疏》). 그렇다면 부모님이나
       어른들이 돌아가신 뒤에도 제사를 합당하게 올바로
       지낼 것을 공자는 강조하고 있는 것이다.

13. 공자께서 조상을 제사지낼 적에는 조상이 앞에 계신 듯이 하였고, 신을 제사지낼 때에는 신이 앞에 있는 듯이 하셨다. 공자께서 말씀하셨다. "내가 제사에 참여하지 못하는 것은 제사를 지내지 않는 것과 같다."

원문
제 여 재   제 신 여 신 재   자 왈   오
祭如在①하시며, 祭神如神在러시다. 子曰：吾

불 여 제　　여 부 제
不與祭②면, **如不祭**니라.　　　　　 * 팔일(八佾)편

주 ① 如在(여재)－조상이 직접 앞에 계신 것.
② 不與祭(불여제)－제사에 참여하지 않는 것.

해의 여기서는 공자가 제사지내는 태도에 대하여 가르
치고 있다. 제사를 지낼 때에는 직접 살아계신 부모님
을 모시듯 하여야 한다는 것이다. 따라서 자기가 직접
제사를 지내지 않고 남을 시켜 지내는 것은 무의미하
다는 것이다. 여기서도 공자의 〈효〉에 대한 개념의
일면을 엿볼 수 있다.

14. 공자께서 말씀하셨다. "부모를 섬김에 있어 잘못
은 슬며시 간해야 하고, 나를 따르지 않을 기미가 보이
더라도 더욱 공경하며 부모의 뜻을 어기지 않아야 하
며, 걱정이 되더라도 원망하지 말아야 한다."

자 왈　　사 부 모　　　기 간　　　　　견 지　부 종
원문 **子曰 : 事父母**하되, **幾諫**①이니, **見志**②**不從**이

우 경 불 위　　　　노　이 불 원
라도, **又敬不違**③하며, **勞**④**而不怨**이니라.

　　　　　　　　　　　　　 * 이인(里仁)편

주 ① 幾諫(기간)－기(幾)는 미(微)의 뜻으로, 잘 모르게

슬쩍 하는 것. 따라서 슬쩍 잘못을 간하는 것.

② 見志(견지)-뜻을 나타내다. 기미를 보이다.

③ 不違(불위)-부모의 뜻을 어기지 않는 것.

④ 勞(노)-우(憂)의 뜻으로, 부모가 잘못을 고치지 않음을 걱정하는 것(王引之《經義述聞》). 주희는 부모가 노하여 꾸짖고 매질하는 것(《論語集註》)이라 하였다.

해의 여기서는 공자가 〈효〉를 행하는 방법을 설명하고 있다. 부모가 잘못하는 일이 있더라도 자식은 정면으로 부모에게 항의해서는 안된다. 참고 부모의 뜻을 따르면서 부모의 잘못을 슬며시 지적하며 고쳐드리도록 노력해야 한다는 것이다.

15. 공자께서 말씀하셨다. "부모님이 계시면 먼 길을 떠나지 말 것이며, 떠날 적에는 반드시 행방을 알려드려야 한다."

원문 子曰 : 父母在시어든, 不遠遊①하며, 遊必有
方②이니라.　　　　　　　　　　　　* 이인(里仁)편

주 ① 遊(유)-여행하다, 집을 나서다.

② 有方(유방)-일정한 방향이 있어야 한다. 곧 행방

을 알리고 그대로 갔다 와야만 한다는 뜻.

해의 이것도 부모에게 걱정을 끼쳐드리지 않기 위한 자식으로서의 일상적인 〈효〉의 한 방법이다.

16. 공자께서 말씀하셨다. "3년을 두고 아버지의 도를 고치지 않아야만 〈효〉라고 할 수 있다."

원문 子曰 ; 三年無改於父之道라야, 可謂孝矣니라.
자 왈　삼 년 무 개 어 부 지 도　가 위 효 의

　　　　　　　　　　　　　　　　　* 이인(里仁)편

해의 같은 말이 앞 학이(學而)편 글에 이미 나왔으니 참고하기 바란다.

17. 공자께서 말씀하셨다. "부모의 나이는 몰라서는 안되는 것이다. 한편으로는 수하심을 기뻐하고, 한편으로는 노쇠하심을 두려워하기 때문이다."

원문 子曰 ; 父母之年은, 不可不知也니라. 一則以
자 왈　부 모 지 년　불 가 부 지 야　일 즉 이

喜①요, 一則以懼②니라.　　　　　　* 이인(里仁)편
희　　일 즉 이 구

주 ① 以喜(이희)−부모님의 나이를 기억함으로써 부모님
이 건강하고 수하심을 기뻐하는 것.
② 以懼(이구)−부모님의 나이를 기억함으로써 부모님
의 나이가 많아져 노쇠하심을 두려워하는 것.

해의 이것도 일상적인 〈효〉의 방법을 설명한 말이다.

18. 공자께서 말씀하셨다. "군자가 어버이에게 독실
하면 백성들 사이에 인(仁)한 기풍이 일게 되고, 옛 친
구를 버리지 않으면 백성들이 박절하지 않게 된다."

원문
자 왈　군 자 독 어 친　　　　즉 민 흥 어 인　　　고
子曰：君子篤於親①이면, 則民興於仁하고, 故

구　불 유　　　즉 민 불 투
舊를 不遺②면, 則民不偸③니라.　　＊ 태백(泰伯)편

주 ① 篤於親(독어친)−어버이에게 독실히 하다. 곧 부모
에게 효도를 행하다.
② 故舊不遺(고구불유)−옛 친구를 버리지 않다. 곧
친구들 사이에 우애를 지키다.
③ 偸(투)−투박(偸薄). 박절.

해의 여기의 군자는 지배계층의 지식인을 뜻한다. 지배
계층의 사람들이 먼저 〈효〉와 제(弟), 곧 우애를 실행
하면 자연 그 덕행이 널리 영향을 미쳐 온 백성이 인
(仁)해지고 돈후(敦厚)해진다는 것이다. 이것이 바로

덕치(德治)이다.

19. 증자가 병이 나자 자기 제자들을 불러놓고 말하였다. "내 발을 펴 보아라, 내 손을 펴 보아라. 《시경》에 '전전긍긍하기를 깊은 연못가에 서있듯, 얇은 얼음판을 밟고 가듯 한다'고 하였다. 이제부터는 내 걱정을 면하게 되었음을 알겠다, 애들아!"

원문 曾子有疾하사, 召門弟子曰 : 啓①予足하며, 啓予手하라. 詩②云 ; 戰戰兢兢③하여, 如臨深淵하며, 如履④薄冰이라하니라. 而今而後에야, 吾知免⑤夫로다, 小子아!

* 태백(泰伯)편

주 ① 啓(계) ― 벌리다. 펴다.
② 詩(시) ― 《시경》 소아(小雅) 소민(小旻) 시에 보이는 구절.
③ 戰戰兢兢(전전긍긍) ― 두려워하고 조심하는 모양.
④ 履(리) ― 밟다, 밟고 가다.
⑤ 免(면) ― 두려워하고 조심하며 자기의 몸을 간수하던 걱정을 면하는 것.

해의 증자는 《효경》에서 "신체와 머리카락 피부는 모두 부모에게서 받은 것이니 감히 손상시키지 않는 것이 〈효〉의 시작이다."고 말하고 있다. 자기 몸을 삼가 조심하여 조금도 손상받는 일 없이 잘 간수하는 것이 〈효〉의 출발이라는 것이다. 자기 몸은 부모에게서 물려받은 것이니 잘 간수하여야만 한다는 성의(誠意)는 정성껏 부모를 섬길 수 있는 마음가짐의 바탕이 되기 때문이다.

이 말을 할 때 증자는 병이 들어 곧 죽게 될 것임을 스스로 알고 있었다. 이러한 증자의 행위는 자신의 〈효〉를 마지막으로 점검한다는 뜻도 있지마는 자기 제자들에게 올바른 〈효〉를 가르친다는 데에 더 큰 의의가 있다고 느껴진다.

20. 공자께서 말씀하셨다. "나아가서는 공경(公卿)을 섬기고, 들어와서는 부형을 섬기며, 상사(喪事)는 감히 힘써 치르지 않는 일이 없고, 술마시고 난동을 일으키지 않는 일 같은 것은, 나에게 무슨 문제가 있겠느냐?"

원문 子曰 : 出則事公卿①하고, 入則事父兄하며,

상 사 불 감 불 면
喪事不敢不勉하며, 　不爲酒困②이, 　何有於我③

재
哉아?　　　　　　　　　　　　　　 * 자한(子罕)편

주　① 公卿(공경)―옛 조정에는 가장 높은 벼슬로 삼공
　　　(三公)과 구경(九卿)이 있었다. 천자 밑의 장관들
　　　이다.
　　② 困(곤)―난동을 부리다(《論語注疏》).
　　③ 何有於我(하유어아)―나에게 무슨 문제가 되겠느
　　　냐? 내게는 쉬운 일이라는 뜻.

해의　공자는 집안에서 아버지에게는 효도를 하고, 형들
　　을 공경히 모시는 일은 사람이면 누구나 당연히 할
　　일이라 믿고 있었다. 그리고 집안에 상사가 생기면 최
　　선을 다하여 일을 처리해야 한다는 것이다.

21. 공자께서 말씀하셨다. "효성스럽다, 민자건이여!
그의 부모형제들이 칭찬하는 말에 남들이 이의(異議)
를 제기하지 못한다."

자 왈　효 재　민 자 건　　인 불 간　어 기 부
원문　**子曰 ; 孝哉**라, **閔子騫**①이여! **人不間**②**於其父**

모 곤 제　지 언
母昆弟③**之言**이로다.　　　　 * 선진(先進)편

주 ① 閔子騫(민자건)—공자의 제자. 성이 민, 이름은 손(損), 자가 자건(子騫).

② 間(간)—다른 말을 하다. 이의를 제기하다. 이간질을 하다.

③ 昆弟(곤제)—형제. 곤(昆)은 맏.

해의 공자의 제자 중 민자건은 증자와 함께 〈효〉에 있어 쌍벽(雙璧)을 이룬다. 스승인 공자조차도 이처럼 그의 〈효〉를 노골적으로 칭찬하고 있는 것이다.

22. 자로가 여쭈었다. "가르침을 들으면 곧 그것을 행해야 합니까?" 공자께서 대답하셨다. "부형이 계시는데 어떻게 가르침을 들었다고 바로 행하겠느냐?"

염유가 여쭈었다. "가르침을 들으면 곧 그것을 행해야 합니까?" 공자께서 "들으면 곧 그것을 행하라."고 대답하셨다.

이에 공서화가 아뢰었다. "자로가 '들으면 곧 그것을 행해야 합니까?'하고 여쭈었을 적에는 '부형이 계시다'고 하시더니, 염유가 '들으면 곧 그것을 행해야 합니까?'하고 여쭈었을 적에는 '들으면 곧 그것을 행하라'고 말씀하셨습니다. 저는 어리둥절하여 감히 그 까닭을 여쭈어 보고자 합니다."

공자께서 말씀하셨다. "구(염유)는 소극적이어서 그를 밀어준 것이고, 유(자로)는 남의 두몫은 적극적이어서 그를 물러서게 한 것이다."

원문

자로 문　문사 행저　　　자 왈　유부형
子路①問；聞斯②行諸③니까? 子曰；有父兄

재　　여지 하기 문사 행지
在하니, 如之何其聞斯行之리오?

염유 문　문사 행저　　　자 왈　문사 행지
冉有④問；聞斯行諸니까? 子曰；聞斯行之니라.

공서화 왈　유야문　　　문사 행저　　　자
公西華⑤曰；由也問하여,　聞斯行諸어늘,　子

왈　유부형재　　　구야문　　　문사 행저
曰；有父兄在라 하시고, 求也問하여, 聞斯行諸어늘,

자왈　문사 행지　　　　적 야 혹　　감 문
子曰；聞斯行之라 하니이다. 赤也惑하여, 敢問하나

이다.

자 왈　구야퇴　　　고　진지　　　유야겸
子曰；求也退⑥하니,　故로　進之하고,　由也兼

인　　고　퇴지
人⑦하니,　故로　退之하니라.　　　＊선진(先進)편

주　① 子路(자로)—공자의 제자. 성은 중(仲), 이름은 유
(由), 자는 자로, 또는 계로(季路). 공자의 제자 중

성격이 직선적이고 용감하기로 유명하다.

② 斯(사)-이에. 곧.

③ 行諸(행저)-그것을 실행하다.

④ 冉有(염유)-공자의 제자. 성은 염, 이름은 구(求),
유자(有子)라고도 불렀음.

⑤ 公西華(공서화)-공자의 제자. 성은 공서, 이름은
적(赤), 자가 자화(子華)임.

⑥ 退(퇴)-퇴보적, 소극적.

⑦ 兼人(겸인)-남의 두몫이다. 남을 이기려 들다. 남
보다 두몫 적극적이라는 뜻.

해의 이 장의 내용은 본시 제자의 성격에 맞추어 교육
하는 공자의 교학방법(教學方法)을 보여주는 것이다.
그러나 공자의 〈효〉에 대한 개념의 일면도 엿볼 수
있다. 곧 부모형제가 계실 적에는 옳다고 생각되는 일
이라도 자기 멋대로 행해서는 안된다. 부형의 뜻에 거
슬리거나 부형에게 걱정을 끼치는 일이 있어서는 안
된다고 생각했기 때문이다.

23. 제나라 경공이 공자에게 정치에 관하여 질문하
자, 공자께서 대답하셨다. "임금은 임금다워야 하고, 신
하는 신하다워야 하며, 아버지는 아버지다워야 하고,
자식은 자식다워야 합니다." 경공이 말하였다. "훌륭한
말씀입니다! 정말로 임금이 임금답지 못하고, 신하가

신하답지 못하며, 아버지는 아버지답지 못하고, 자식은 자식답지 못하다면, 비록 곡식이 있다 한들 내가 먹을 수 있게 되겠습니까?"

원문 齊景公①問政於孔子라. 孔子對曰 : 君君②, 臣臣, 父父, 子子니이다. 公曰 : 善哉 ! 信如③君不 君하며, 臣不臣하며, 父不父하며, 子不子면, 雖有 粟④이라도, 吾得而食諸아?   * 안연(顏淵)편

주 ① 齊景公(제경공)—제나라 경공(기원전 547~487년). 영공(靈公)의 아들.
② 君君(군군)—앞의 것은 명사, 뒤의 것은 동사[이하 모두 같음]. 곧 임금이 임금답다. 임금이 임금 노릇을 제대로 하다.
③ 信如(신여)—진실로 만약…….
④ 粟(속)—조. 여기서는 곡식.

해의 여기서도 〈충〉과 〈효〉가 정치의 기본이 됨을 역설하고 있다. "임금은 임금답고, 신하는 신하답다."는 것은 〈충〉의 현상이고, "아버지는 아버지답고, 자식은 자식답다."는 것은 〈효〉의 현상인 것이다.

24. 번지가 무우의 제단 아래에서 공자를 따라 노닐다가 여쭈었다. "감히 덕을 숭상하는 것과, 악한 생각을 다스리는 것과, 미혹을 분별하는 것에 대하여 여쭙고자 합니다."

공자께서 말씀하시었다. "훌륭한 질문이다. 일을 먼저 하고 이익을 뒤로 미룬다면 덕을 숭상하는 것이 아니겠느냐? 자기의 악한 것은 공격하되 남의 악한 것은 공격하지 않는다면 악한 생각을 다스리는 것이 아니겠느냐? 하루 아침의 분노로 그 자신도 잊고 그 누를 그의 부모에게까지 끼치게 한다면 미혹된 것이 아니겠느냐?"

원문

번지　종유어무우　지하　　왈　감문숭덕
樊遲①從遊於舞雩②之下라가, 曰：敢問崇德

수특　변혹
修慝③辨惑④하니이다.

자왈　선재　문　　선사후득　　비숭덕
子曰：善哉라 問이어! 先事後得⑤하면, 非崇德

여　　공기악　　무공인지악　　비수특여
與아? 攻其惡하되, 無攻人之惡하면, 非修慝與아?

일조지분　　망기신　　이급　기친　　비혹
一朝之忿⑥으로, 忘其身하고, 以及⑦其親하면, 非惑

여
與아?
　　　　　　　　　　　　　　　　* 안연(顔淵)편

주 ① 樊遲(번지)-공자의 제자. 이름은 수(須). 자는 자지(子遲), 제(齊)나라 사람.

② 舞雩(무우)-기우(祈雨)하는 제단이 있는 곳, 주변에는 나무가 많이 심어져 있었다.

③ 修慝(수특)-악한 것, 특히 악한 생각을 다스리는 것.

④ 辨惑(변혹)-미혹됨을 분별하는 것.

⑤ 先事後得(선사후득)-일을 먼저 하고 이익을 얻는 일은 뒤로 미루는 것.

⑥ 忿(분)-분노, 분한 생각.

⑦ 以及(이급)-자기 분노로 말미암아 누가 부모에게 미치게 하는 것.

해의 효도에 대하여는 끝머리에서 자신의 분노로 말미암아 그 누가 자기 부모에게까지 미치게 하는 짓은 미혹된 행위임을 강조하고 있다. 자기는 아무리 성이 나고 기분이 좋지 않더라도, 그것이 부모에게까지 영향을 미치도록 해서는 안된다는 것이다.

25. 섭공이 공자에게 말하였다. "우리 마을에 직궁이라는 행실이 곧은 사람이 있었는데, 그의 아버지가 양을 훔친 사실을 자식으로서 증언했습니다."

공자께서 말씀하셨다. "우리 마을의 정직한 사람은 그와 다릅니다. 아버지는 자식을 위해 숨기고, 자식은 아버지를 위해 숨기는데, 정직함이 그런 가운데 있습니다."

원문 葉公^①語孔子曰 : 吾黨^②有直躬^③者하니, 其父
攘^④羊이어늘, 而子證之하니이다.

孔子曰 : 吾黨之直者는, 異於是니라. 父爲子隱
하며, 子爲父隱하나니, 直在其中矣니라.

* 자로(子路)편

주 ① 葉公(섭공)—초(楚)나라 속령(屬領)의 섭이라는 작
은 나라 임금. 성은 심(沈), 이름은 제량(諸梁), 자
는 자고(子高).《논어》에는 그와의 대화가 여러 곳
에 보인다.
② 黨(당)—마을. 옛 행정단위로는 25호(戶)를 당(黨)
이라 하였다.
③ 直躬(직궁)—행실이 곧은 것. 여기서는 행실이 정
직한 사람의 이름으로 빌어 썼음.
④ 攘(양)—훔치다.

해의 여기서는 〈효〉를 행하는 데 있어서의 부모와 자식
사이의 미묘한 관계를 설명해 준다. 부모와 자식 사이
란 자연스런 지극히 친밀한 관계이다. 부모가 잘못을
저질렀다 하더라도 자식으로서는 직접 부모에게 대들

거나 부모를 고발할 수는 없는 것이다. 육친 사이의
사랑을 부정하고 나면 진정한 〈효〉는 이루어질 수 없
는 것이기 때문이다.

26. 재아가 여쭈었다. "3년의 상을 지키지만, 1년도
긴 것입니다. 군자가 3년 동안 예를 지키지 못하면 예
는 반드시 무너질 것이고, 3년 동안 음악을 다루지 못
하면 음악이 반드시 붕괴될 것입니다. 이미 묵은 곡식
은 없어지고 햇곡식이 나며, 불씨도 나무를 바꾸어 다
시 불을 얻는 기간이니, 복상도 1년으로 끝내는 것이
좋겠습니다."

공자께서 말씀하셨다. "쌀밥을 먹고 비단옷을 입는
것이 네 마음에 편하겠느냐?" "편할 것입니다." "네가
편하거든 그렇게 해라. 원래 군자란 상중에는 맛있는
것을 먹어도 달지 않고, 음악을 들어도 즐겁지 않으며,
잘 지내고 있어도 편하지 않기 때문에 그렇게 하지 않
는 것이다. 지금 네 마음이 편안하다니 그렇게 해라."

재아가 나가자 공자께서 말씀하셨다. "여〔재아의 이
름〕는 인(仁)하지 못하구나. 자식은 나서 3년이 지난
뒤에야 부모의 품에서 벗어나게 된다. 3년의 상은 천하
에 공통된 상례이다. 여도 자기 부모로부터 3년 동안

사랑을 받았을 터인데!"

원문　재아 문　삼년지상　　기　이구의
宰我①問：三年之喪이나，期②已久矣니이다.

군자삼년불위예　　예필괴　　삼년불위악
君子三年不爲禮면，禮必壞하고，三年不爲樂이면，

악필붕　　　　구곡기몰　　　신곡기승
樂必崩하니이다. 舊穀旣沒③하고，新穀旣升④하며，

찬수개화　　　기가이의
鑽燧改火⑤하니，期可已矣니이다.

자왈　식부도　　의부금　　어여안호
子曰：食夫稻하고，衣夫錦이라도，於女安乎아?

왈　안　　　여안즉위지　　부군자지거상
曰：安하니이다. 女安則爲之하라. 夫君子之居喪에

　식지　불감　　문악불락　　거처　불안
는, 食旨⑥不甘하고，聞樂不樂하며，居處⑦不安하니,

고　불위야　　금여안　　즉위지
故로 不爲也니라. 今女安하면, 則爲之하라.

재아출　　자왈　여지불인야　자생삼년
宰我出커늘, 子曰：予之不仁也여. 子生三年하

연후　면어부모지회　　부삼년지상　천
여, 然後에 免於父母之懷하니라. 夫三年之喪은, 天

하지통상　야　　여야유삼년지애어기부모호
下之通喪⑧也니라. 予也有三年之愛於其父母乎

인저!　　　　　　　　　　　　* 양화(陽貨)편

주 ① 宰我(재아)－공자의 제자. 성이 재, 이름은 여(予),
　　자가 자아(子我)라서 재아라고도 부른다. 노(魯)나
　　라 사람.

② 其(기)－돌, 만 1년.

③ 沒(몰)－없어지다. 들어가다.

④ 升(승)－올라오다. 나다.

⑤ 鑽燧改火(찬수개화)－찬수(鑽燧)는 움푹한 나무를
　　마찰시켜서 불을 얻는 것. 개화(改火)는 계절에 따
　　라 마찰시키는 나무의 종류를 바꾸어 써서 새로운
　　불씨를 얻는 것을 뜻한다.

⑥ 旨(지)－맛있는 것.

⑦ 居處(거처)－자기 처소에서 잘 지내는 것.

⑧ 通喪(통상)－통용되는 상례(喪禮).

해의 여기에서는 공자의 3년상(喪)에 대한 견해가 잘
나타나 있다. 사람들이 부모가 돌아가셨을 때 3년 동
안 복상(服喪)을 하는 것은 부모의 은혜를 생각하는
자연스러운 정에서 그렇게 하는 것이라는 것이다. 상
례뿐만 아니라 〈효〉 자체가 부모의 사랑에 대한 자연
스러운 반응으로써 이루어져야 한다고 공자는 언제나
생각하고 있었다. 싫은데도 억지로 부모를 봉양하고,
억지로 복상을 하는 것은 〈효〉가 아닌 것이다.

27. 자장이 말하였다. "선비는 위급함을 보면 생명을

걸고, 이득을 보면 의로움을 생각하고, 제사 때에는 공
경스러울 것을 생각하고, 상사(喪事)에는 애통함을 생
각하는데, 그래야만 될 것이다."

원문 子張曰 : 士見危致命하며, 見得思義하며, 祭
思敬하며, 喪思哀면, 其可已矣니라. * 자장(子張)편

해의 여기서도 자장이 제사는 공경히 지내고, 상사(喪
事)는 애통 속에 치르어야 함을 강조하고 있다. 부모
의 생전의 은혜를 잊지 않는다면 제사지낼 때에는 자
연히 공경스러워지고, 상을 치를 때에는 자연히 애통
하게 될 것이다. 그래야만 참다운 〈효〉가 완성되는
것이다. 제사나 상사는 형식보다도 치르는 사람의 마
음가짐이 가장 중요한 것이다.

28. 자유가 말하였다. "상을 치름에 있어서는 슬픔을
다하면 그만이다."

원문 子游曰 : 喪致乎哀而止니라. * 자장(子張)편

해의 여기서도 자유가 부모의 상은 부모를 잃은 슬픔을
다하는 데 그 뜻이 있음을 강조하고 있다. 상사에 허

례(虛禮)는 필요가 없는 것이다.

29. 증자가 말하였다. "내가 선생님에게서 들은 말씀 인데, 사람은 자신의 정성을 다하지 못하는 경우가 있 지만 부모의 상에는 반드시 다한다고 하셨다."

> **원문** 증 자 왈   오 문 저 부 자   인 미 유 자 치   자
> 曾子曰 ; 吾聞諸夫子하니,   人未有自致①者
> 야   필 야 친 상 호
> 也나, 必也親喪乎인저!   * 자장(子張)편

> **주** ① 自致(자치)-자신의 정성을 다하는 것.

> **해의** 여기서도 부모의 상은 자신의 정성을 다하여 치르 어야 함을 강조하고 있다.

30. 증자가 말했다. "내가 선생님에게서 들은 말인데, 맹장자의 효는 다른 점은 아무나 가능하다손 치더라도, 그가 선친의 가신(家臣)과 선친의 정책을 고치지 않았 던 점은 남들이 하기 어려운 일이라 하셨다."

> **원문** 증 자 왈   오 문 저 부 자   맹 장 자   지 효 야
> 曾子曰 ; 吾聞諸夫子하니, 孟莊子①之孝也는,
> 기 타 가 능 야   기 불 개 부 지 신   여 부 지 정
> 其他可能也로되,   其不改父之臣②與父之政은,

난 능 야
難能也라 하시니라.   * 자장(子張)편

주 ① 孟莊子(맹장자)-노(魯)나라의 대부(大夫), 이름은
　　속(速), 그의 아버지 헌자(獻子 : 이름은 蔑)도 매우
　　현명하고 덕이 있었다.
　② 臣(신)-가신(家臣). 대부의 집안에는 그의 채읍(采
　　邑)을 다스리는 가신이 모두 따로 있었다.

해의 이 말은 앞 학이(學而)편에서 "아버지가 돌아가신 뒤
　　에 3년 간을 두고 선친의 도를 고치지 않는다면 〈효〉라
　　할 수 있다.(父沒하여, 三年無改於父之道면, 可謂孝矣
　　니라.)"고 한 말을 실례를 들어 부연(敷衍)한 것이다.

《대학(大學)》에 보이는 효론

1. 《시경》에 말하기를 "훌륭하신 문왕이여! 아아, 끊임없이 밝고 공경스럽게 처신하였네."라 하였다.

임금이 되어서는 인(仁)으로 처신을 하고, 신하가 되어선 경(敬)으로 처신을 하고, 자식이 되어서는 효도[孝]로 처신을 하고, 아버지로서는 자애[慈]로 처신을 하고, 나라 사람들과 사귐에는 믿음[信]으로 처신해야 하는 것이다.

원문 詩①云 ; 穆穆②文王이여, 於③緝熙④敬止⑤라 하니라.

爲人君하여는 止於仁하고, 爲人臣하여는 止於敬하고, 爲人子하여는 止於孝하고, 爲人父하여는 止於慈하고, 與國人交엔 止於信하니라.

* 대학장구(大學章句) 전(傳) 제3장

주 ① 詩(시)―《시경》 대아(大雅) 문왕(文王)에 나오는
구절.

② 穆穆(목목)―《모전(毛傳)》엔 '미(美)'의 뜻,《이아
(爾雅)》엔 '경(敬)'의 뜻, 주희는 '심원(深遠)의 뜻'
이라 하였다. 여하튼 훌륭한 것을 형용한 말이라
보면 틀림없을 것이다.

③ 於(오)―감탄사, '아아!'

④ 緝熙(즙희)―'광명(光明)의 뜻(鄭玄)'. '즙(緝)'은 계
속되는 것, 끊임없는 것, '희(熙)'는 빛나고 밝은 것
(朱熹).

⑤ 止(지)―《시경》에서는 조사로 쓰였으나,《대학》에
서는 '머문다', '처신하다'의 뜻으로 인용하고 있다.
이른바 단장취의(斷章取義)를 하고 있기 때문이다.

해의 여기에서는 주나라 문왕의 경우를 들어 효를 설교
하고 있다. 문왕은 효를 바탕으로 하여 천하를 다스렸
다는 것이다.

2. 이른바 나라를 다스리려면 반드시 먼저 그 집안을
가지런히 하여야 한다는 것은, 그 집안을 잘 가르치지
못하면서도 남을 가르칠 수 있는 사람은 없기 때문이
다. 그러므로 군자는 집을 나서지 않고도 나라에 가르
침을 이루는 것이니, 효도라는 것은 임금을 섬기는 방
법도 되고, 공경이라는 것은 어른을 섬기는 방법도 되

며, 자애로움이라는 것은 백성을 부리는 방법도 되는 것이다.

> **원문**
> 소위치국필선제기가자　기가불가교이능
> 所謂治國必先齊其家者는, 其家不可敎而能
>
> 교인자　무지　　고　군자　불출가 이성교
> 敎人者는, 無之니라. 故로 君子는 不出家①而成敎
>
> 어국　　효자　소이 사군야　제자　소이
> 於國하나니, 孝者는 所以②事君也요, 弟者는 所以
>
> 사장야　자자　소이사중야
> 事長也요, 慈者는 所以使衆也니라.
>
> * 대학장구(大學章句) 전(傳) 제9장

> **주**　① 不出家(불출가)─집안에 있으면서. 집안으로부터
> 　　벗어나지 않고.
> 　　② 所以(소이)─까닭이 되는 것. 방법.

> **해의** 역시 효는 나라를 다스리는 데에도 근본이 됨을 강
> 조한 말이다.

3. 《시경》에 읊고 있다. "그 위의(威儀)가 어긋남이 없으니, 사방의 나라들을 바로잡네."

　그의 부자와 형제 관계가 족히 남이 본받을 만하게 된 뒤에야 백성들이 그를 본받는 것이다. 그래서 나라 다스리는 것이 그 집안을 가지런히 함에 있다고 하는

것이다.

_{시 운 기 의 불 특   정 시 사 국}

원문 詩^①云：其儀^②不忒^③하니, 正是四國이라.

_{기 위 부 자 형 제 족 법 이 후   민 법 지 야   차 위}

其爲父子兄弟足法而后에 民法之也니라. 此謂

_{치 국 재 제 기 가}

治國在齊其家니라.

* 대학장구(大學章句) 전(傳) 제9장

주 ① 詩(시)－《시경》 조풍(曹風) 〈시구(鳲鳩)〉편. 이 시
의 제3장의 끝 두 구절이다.

② 儀(의)－《모전》과 《정전(鄭箋)》에선 '의(義)'의 가
차(假借)로 보았으나, 주희는 《집전》에서 '위의(威
儀)'의 뜻으로 보았다. '의로움'보다는 '위의'로 보는
편이 좋을 듯하다.

③ 忒(특)－법도에 어긋나는 것.

해의 여기서도 효가 세상을 다스리는 기본이 됨을 강조
하고 있다.

4. 이른바 천하를 화평케 하는 것이 그 나라를 다스
리는 일에 달려 있다는 것은, 위에서 노인을 노인으로
대접하면 백성들에게 효도가 일어나며, 위에서 어른을
어른으로 대접하면 백성들에게 공경의 덕이 일어나며,

위에서 외로운 이들을 불쌍히 여기면 백성들은 배반치
않게 된다는 것이다.

소 위 평 천 하 재 치 기 국 자   상 로 로   이 민 흥
원문 所謂平天下在治其國者는, 上老老①而民興

효   상 장 장   이 민 흥 제   상 휼   고 이 민 불
孝하며, 上長長②而民興弟하며, 上恤③孤而民不

배
倍④니라.   * 대학장구(大學章句) 전(傳) 제10장

주 ① 老老(노로)-위의 '노(老)'는 동사, 아래 것은 명
사임.

② 長長(장장)-위의 '장(長)'은 어른으로 대접하는 것.

③ 恤(휼)-불쌍히 여기는 것.

④ 倍(배)-'배(北)', '배(背)'와 통하여 등지는 것, 또
는 배반하는 것.

해의 역시 세상을 다스리는 기본은 효임을 강조한 대목
이다.

《중용(中庸)》에 보이는 효론

1. 군자의 도가 넷인데 나는 하나도 다하지 못하였다. 자식에게 바라는 것으로써 아버지 섬기는 일을 다하지 못하였다. 신하에게 바라는 것으로써 임금 섬기는 일을 다 하지 못하였다. 아우에게 바라는 것으로써 형 섬기는 일을 다 하지 못하였다. 벗에게 바라는 것을 먼저 벗에게 베풀어 주지를 못하였다.

원문 君子之道四에 丘①未能一焉이라. 所求乎②子로 以事父를 未能也니라. 所求乎臣으로 以事君을 未能也니라. 所求乎弟로 以事兄을 未能也니라. 所求乎朋友로 先施之를 未能也니라.

* 중용장구(中庸章句) 제13장

주 ① 丘(구)-공자의 이름. 중국의 옛사람들은 자신을 낮추어 부를 때 자기의 이름을 썼다.

② 乎(호)-어(於)의 뜻. 소구호자(所求乎子)는 '자식에게 바라는 것'.

해의 효도는 간단하다. 공자에 의하면 자신이 자기 아들에게 바라는 대로 부모님을 모시고, 자신이 자기 동생에게 바라는 대로 형을 공경하면 효제(孝悌)가 된다는 것이다.

2. 《시경》에 읊고 있다. "처자가 잘 화합함이 금슬을 타는 것 같고, 형제가 잘 화합하여 화락하고 즐겁네. 그대의 집안 화목하고 그대의 처자 즐거워하네."

공자께서도 말씀하셨다. "부모님도 편안하실 것이다."

원문 詩①曰 : 妻子好合②이 如鼓③瑟琴하며, 兄弟
既翕④하여, 和樂且耽⑤이라. 宜⑥爾⑦室家하며, 樂
爾妻帑⑧라.

子曰 : 父母는 其順⑨矣乎인저.

* 중용장구(中庸章句) 제15장

주 ① 詩(시)-《시경》소아(小雅) 당체(棠棣) 시의 구절.

② 合(합)-화합(和合)의 뜻.

③ 鼓(고)-여기에서는 현악을 타는 것. 금(琴)과 슬
(瑟)은 다 같이 중국의 옛 현악기의 일종.

④ 翕(흡)-의화(宜和), 또는 화합(和合)의 뜻.

⑤ 耽(탐)-여기에서는 낙(樂)과 통하여, 즐기는 것.

⑥ 宜(의)-적합, 또는 화평케 한다는 뜻.

⑦ 爾(이)-너, 그대.

⑧ 帑(노)-'노(孥)'와 같은 자, 처자, 자손.

⑨ 順(순)-안락(安樂)의 뜻.

해의 집안을 다스리어 처자와 형제들이 화락하게 잘 지
내면 부모님도 편안히 지내게 되어 자연히 효도가 이
룩된다는 것이다.

3. 공자께서 말씀하셨다. "순은 매우 위대한 효를
행하신 분이시다. 덕으로는 성인이 되시고, 존귀함으로
는 천자가 되시고, 부로는 온 세상을 차지하였으며,
종묘에서는 그의 제사를 받들었고, 자손들이 잘 보존
되었다."

원문 子曰；舜은 其大孝也與신저. 德爲聖人하고,

尊爲天子하며, 富有四海之内①하사, 宗廟②饗③之

하고, **子孫保之**④하니라.
<ruby>子孫保之<rt>자 손 보 지</rt></ruby>

* 중용장구(中庸章句) 제17장

주 ① 四海之內(사해지내)—사방의 바다 안. 곧 온 세상,
온 세계.
② 宗廟(종묘)—임금의 조상을 모신 묘당(廟堂).
③ 饗(향)—흠향, 곧 제사지내는 것을 신이 흠향(歆饗)
한다는 뜻.
④ 子孫保之(자손보지)—순의 후손으로는 하(夏)나라
소강(少康) 때의 우사(虞思)와 주(周)나라 무왕(武
王) 때의 진호공(陳胡公) 등 봉지(封地)를 받은 이
들이 끊이지 않았다.

해의 공자의 말을 빌어 위대한 효를 행하면 천자도 될 수
있고, 그 자손들도 영원히 번성하게 된다는 것이다.

4. 공자께서 말씀하셨다. "걱정 없던 이는 오직 문왕
(文王)뿐이셨다. 왕계(王季)를 아버지로 모시고 무왕
(武王)을 아들로 두셨는데, 아버지는 나라를 일으켰고
아들은 그것을 계승하였다. 무왕은 태왕(太王)과 왕계
와 문왕의 유서(遺緖)를 계승하여, 한번 군복을 입자 천
하를 다스리게 되고, 그 자신이 천하에 드러나는 명성을
잃지 않도록 하였다. 존귀함에 있어서는 천자가 되셨고,

부(富)에 있어서는 온 세상을 차지하시니, 종묘에서는 그의 제사를 받들었고, 자손들이 잘 보존되었다."

 子曰; 無憂者는 其惟^①文王^②乎인저. 以王
자왈 무우자 기유 문왕 호 이왕

季^③爲父하고, 以武王爲子하니, 父作^④之^⑤하고, 子
계 위부 이무왕위자 부작 지 자

述^⑥之하니라. 武王은 纘^⑦大王^⑧王季文王之緖^⑨하
술 지 무왕 찬 태왕 왕계문왕지서

사, 壹^⑩戎衣^⑪而有天下^⑫하되, 身不失天下之顯
일 융의 이유천하 신불실천하지현

名^⑬하사, 尊爲天子하시고, 富有四海之內하사, 宗廟
명 존위천자 부유사해지내 종묘

饗之하며, 子孫保之하니라.
향지 자손보지

* 중용장구(中庸章句) 제18장

주 ① 其惟(기유)-조사. 강조하는 뜻을 지녔음.

② 文王(문왕)-이름이 창(昌), 주(周)나라 임금. 그의
아들 무왕(武王) 발(發)이 은(殷)나라를 쳐부수고
천하를 통일하였다.

③ 王季(왕계)-문왕의 아버지. 주나라 태왕(大王)의
셋째 아들.

④ 作(작)-일으키다, 나라를 크게 일으키는 것.

⑤ 之(지)-주나라의 터전을 가리킴.

⑥ 述(술)-'조술(祖述)'의 뜻으로, 계승 발전시키는 것.

⑦ 纘(찬) - 잇는 것, 곧 계승의 뜻.

⑧ 大王(태왕) - 대(大)는 태(太)와 통하는 글자, 곧 주(周)나라 태왕(太王), 고공단보(古公亶父)라고 부름. 처음엔 빈(豳)이란 땅에 살다 기산(岐山) 밑으로 옮기어 주(周)나라를 세웠다.

⑨ 緖(서) - 유서(遺緖), 또는 통서(統緖)의 뜻으로, 왕업을 의미함.

⑩ 壹(일) - 한번.

⑪ 戎衣(융의) - 군복을 입는 것, 곧 무기를 들고 일어나 전쟁을 하는 것.

⑫ 有天下(유천하) - 은나라를 쳐부수고 천하를 다스리게 된 것을 뜻함.

⑬ 顯名(현명) - 드러난 이름, 또는 뚜렷한 명성.

해의 여기에서도 공자의 말을 빌어 대대로 선대(先代)의 유업을 잘 계승 발전시킨 주(周)나라 임금들이 곧 천하를 통일하고 자손도 번성하게 되었다는 것이다. 선대의 유업을 잘 계승하는 것이 효도임을 뜻한다.

5. 공자께서 말씀하셨다. "무왕과 주공이야말로 온 천하가 인정하는 효자였다. 효라는 것은 선인의 뜻을 잘 계승하여 선인의 일을 잘 발전시키는 것이다. 봄 · 가을로 그의 조상들의 묘당(廟堂)을 잘 손질하고, 그곳에 조상들로부터 내려오는 중요한 그릇들을 잘 진열하

고, 조상들이 남긴 옷들을 잘 펴놓으며, 제철의 음식을
차려 놓고 제사를 지내는 것이다."

원문
　　　　　자 왈　　무 왕 주 공　　　기 달　효 의 호　　　　부 효
　子曰：武王周公은 其達^①孝矣乎신저. 夫孝
　자　　선 계 인　 지 지　　　선 술 인 지 사 자 야　　　춘
　者는 善繼人^②之志하며, 善述人之事者也니라. 春
　추 수 기 조 묘　　　진 기 종 기　　　　설 기 상 의
　秋修其祖廟^③하고, 陳其宗器^④하며, 設其裳衣^⑤하
　천　 기 시 식
고, 薦^⑥其時食^⑦하니라.

* 중용장구(中庸章句) 제19장

주
① 達(달)−통달의 뜻. 달효(達孝)는 세상 사람들 모
　두가 인정하는 효를 말한다.
② 人(인)−선인(先人), 또는 전인(前人)의 뜻.
③ 祖廟(조묘)−조상들의 묘(廟).
④ 宗器(종기)−선조들이 지니고 있던 중요한 기물들
　을 가리킨다.
⑤ 裳衣(상의)−조상들이 남겨 놓은 의복이다. 제사지
　낼 때에는 이것들을 내어놓았다가 시동(尸童)에게
　주어 신으로 하여금 거기에 의지케 한다.
⑥ 薦(천)−제사지낼 때 음식을 마련하여 바치는 것.
⑦ 時食(시식)−철에 따라 생산되는 음식.

해의 효를 행하기 위해서는 부모가 돌아가신 다음, 제
　사도 잘 받들어야 함을 공자는 강조하고 있다.

6. 조상들이 제사지내던 같은 자리에 올라 조상들과 같은 예를 행하고, 조상들과 같은 음악을 연주하며, 조상들이 높이던 이들을 공경하고, 조상들이 친근히 하던 이들을 사랑하며, 죽은 분 섬기기를 살아 있는 분 섬기는 것처럼 하고, 안 계신 분 섬기기를 우리와 함께 계신 분 섬기는 것같이 하는 것이 효의 극치인 것이다.

원문 踐①其位하여 行其禮하고, 奏其樂하며 敬其所尊하고, 愛其所親하며 事死如事生하고, 事亡②如事存이 孝之至也니라.

* 중용장구(中庸章句) 제19장

주 ① 踐(천)-밟다, 오르다. 천기위(踐其位)는 선인(先人)을 제사지내는 자리에 오르는 것, 곧 종묘에서 제사지내는 것.

② 亡(망)-존(存)과 함께 실제에 있어 사(死)와 생(生)과 같다. 그러나 사사여사생(事死如事生)은 장사지낼 때의 일을 말하고, 사망여사존(事亡如事存)은 장사지낸 뒤 제사지낼 때의 일을 가리킨다.

해의 앞 대목에 이은 공자의 말의 계속이다.

7. 그러므로 군자는 몸을 닦지 않을 수가 없는 것이
다. 몸을 닦으려 한다면 어버이를 섬기지 않으면 안되
는 것이고, 어버이를 섬기려 한다면 사람을 제대로 알
지 않으면 안되는 것이고, 사람을 알려고 한다면 하늘
을 알지 않으면 안되는 것이다.

> **원문** 故로 君子는 不可以不修身이라. 思修身이면
> 不可以不事親이오, 思事親이면 不可以不知人이
> 오, 思知人이면 不可以不知天이니라.
>
> * 중용장구(中庸章句) 제20장

해의 부모님을 잘 섬기어야, 곧 효를 다해야 자신의 수
양도 제대로 된다. 그리고 부모를 섬기는 일은 사람에
대하여 알고, 하늘에 대하여 올바로 인식함으로써 가
능한 일이라는 것이다.

8. 친구 사이의 신의를 지키는 데에도 도(道)가 있으
니, 어버이에게 효순(孝順)치 않으면 친구 사이의 신의
를 지키지 못할 것이다. 어버이에게 효순(孝順)하는 데
에도 도가 있으니, 자신을 돌이켜보아 정성스럽지 않으

면 어버이에게 효순치 못하게 될 것이다.

원문 <ruby>信乎朋友有道<rt>신호붕우유도</rt></ruby>하니, <ruby>不順<rt>불순</rt></ruby>①<ruby>乎親<rt>호친</rt></ruby>이면 <ruby>不信乎<rt>불신호</rt></ruby>

<ruby>朋友矣<rt>붕우의</rt></ruby>리라. <ruby>順乎親有道<rt>순호친유도</rt></ruby>하니, <ruby>反<rt>반</rt></ruby>②<ruby>諸身不誠<rt>저신불성</rt></ruby>③이면

<ruby>不順乎親矣<rt>불순호친의</rt></ruby>리라.　　　* 중용장구(中庸章句) 제20장

주　① 順(순) — 곧 부모의 뜻을 따르는 것, 효순(孝順)하
　　는 것.
　　② 反(반) — 돌이켜 살펴보는 것.
　　③ 誠(성) — 정성스러움, 성실한 것.

해의　자신이 정성스러워야만 부모에게 효도를 다할 수
있고, 부모에게 효성스러워야 친구들 사이의 신의도
지킬 수 있게 된다는 것이다.

《맹자(孟子)》에 보이는 효론

1. 학교 교육을 근엄히 하고, 다시 효도와 공경의 뜻을 가르쳐 준다면, 머리 희끗희끗한 사람들이 짐을 지거나 이고서 길을 다니지는 않을 것입니다.

원문 謹①庠序②之敎하여, 申③之以孝悌之義면 頒白④者不負戴⑤於道路矣니라.

* 양혜왕(梁惠王) 상(上)

주 ① 謹(근)－삼가다, 근엄히 하다.
② 庠序(상서)－옛날의 학교.
③ 申(신)－거듭하다, 그 위에 ……하다.
④ 頒白(반백)－반백(斑白), 머리가 희끗희끗한 것.
⑤ 負戴(부대)－짐을 등에 지고 머리에 이는 것.

해의 특히 효도와 공경에 관한 교육을 잘하면 세상은 평화로워진다는 것이다.

2. 젊은이들에게 여가를 이용하여 효도와 공경과 충

성과 신의를 닦은 다음, 들어가서는 그들의 부형들을
섬기게 하고, 나아가서는 그들의 윗사람들을 섬기게 한
다면, 몽둥이를 들고라도 진(秦)나라나 초(楚)나라의
튼튼한 갑옷과 예리한 무기들을 쳐부수게 할 수가 있
을 것입니다.

원문 壯者^①以暇日^②로 修其孝悌忠信하여, 入以
事其父兄하고, 出以事其長上^③이면 可使制梃^④하
여 以撻^⑤秦楚之堅甲利兵^⑥矣니라.

* 양혜왕(梁惠王) 상(上)

주 ① 壯者(장자)―청장년(靑壯年), 젊은이들.
② 暇日(가일)―한가한 날, 여가.
③ 長上(장상)―나이가 많은 분과 윗어른.
④ 制梃(제정)―'제(制)'는 '체(掣)'와 통하며, 몽둥이를
드는 것.
⑤ 撻(달)―치다, 쳐부수다.
⑥ 堅甲利兵(견갑리병)―튼튼한 갑옷과 예리한 무기.

해의 젊은이들에게 효를 중심으로 하는 윤리교육만 잘
시키면 그들의 나라는 강한 나라가 될 수 있다는 것
이다.

3. 저들은 그의 백성들이 농사지을 시기를 빼앗아, 밭 갈고 김매어 그들의 부모를 부양할 수가 없게 하여, 부모들은 헐벗고 굶주리며, 형제와 처자들은 흩어져 살게 될 것입니다.

(원문) 彼^①奪其民時하고, 使不得耕耨하여, 以養其父母하면, 父母凍餓^②하며, 兄弟妻子離散하니라.

* 양혜왕(梁惠王) 상(上)

(주) ① 彼(피)−저들, 상대방, 적.
② 凍餓(동아)−헐벗고 굶주리다.

(해의) 정치는 무엇보다도 부모를 잘 봉양할 수 있도록 하는 정치라야 한다는 것이다.

4. 학교 교육을 근엄히 하고, 다시 효도와 공경의 뜻을 가르쳐 준다면, 머리 희끗희끗한 사람들이 짐을 지거나 이고서 길을 다니지는 않을 것입니다.

(원문) 謹庠序之敎하고, 申之以孝悌之義면, 頒白者不負戴於道路矣니라.

* 양혜왕(梁惠王) 상(上)

해의 똑같은 구절이 1번에 보였음.

5. 이러한 까닭에 명철한 임금은 백성들의 생업을 마련해주어, 위로는 부모님을 섬기기에 충분하게 하고, 아래로는 처자들을 먹여 살리기에 충분하게 해줍니다.

원문 是故로 明君은 制民之産^①하되, 必使仰^②足以

事父母하고, 俯足以畜^③妻子하니라.

　　　　　　　　　　　　　　　　* 양혜왕(梁惠王) 상(上)

주 ① 産(산) – 앞에서와 마찬가지로 '생업'을 뜻함.

② 仰(앙) – 우러르다, 위쪽. 반대로 '부(俯)'는 몸을 굽힌다는 뜻이며, 아래쪽을 가리킴.

③ 畜(휵) – 기르다, 먹여살리다.

해의 정치는 백성들이 부모처자와 잘 살 수 있도록 해주는 것이 첫째 목표가 되어야 한다는 것이다. 《맹자》의 이 대목 뒤에는 앞 1, 4번과 똑같은 구절이 또 보인다.

6. 친상은 본시 자신의 정성을 다하여 치르는 것이오. 증자(曾子)께서 말씀하시기를, "살아계실 적에는

예(禮)로써 섬기고, 돌아가시면 예로써 장사지내고, 다시 예로써 제사지낸다면 효성스럽다고 할 수 있을 것이다."라고 하였소. 제후(諸侯)의 예에 대하여는 나는 배우지를 못하였소. 그렇지만 내가 일찍이 들은 일이 있소. 3년상(喪)에는 가장 거친 상복을 입고, 묽은 죽을 먹고 지낸다는 것은 천자로부터 서민들에 이르기까지 하(夏)·은(殷)·주(周) 삼대(三代)를 통하여 공통적으로 행해진 예법이라는 것이오.

원문　　　친상　　고소자진　야　　　증자왈　　　생　　사
　　　親喪은 固所自盡①也니라. 曾子曰② ; 生엔 事

지이례　　　사　장지이례　　제지이례　　가위
之以禮하며, 死엔 葬之以禮하며, 祭之以禮면, 可謂

효의　　　　　제후지례　　오미지학야　　　수
孝矣라 하니라. 諸侯之禮는, 吾未之學也니라. 雖

연　　오상문지의　　　삼년지상　　자소지복
然이나, 吾嘗聞之矣니라. 三年之喪에, 齊疏之服③

전죽지식　　자천자　　달어서인　　삼대 공
과, 飦粥之食④은, 自天子로, 達於庶人하여, 三代⑤共

지
之니라.　　　　　　　* 등문공(滕文公) 상(上)

주　① 自盡(자진)─자신의 정성을 다하는 것.
　　② 曾子曰(증자왈)─증자의 이 말은 《논어》위정(爲政)편에도 보임.

③ 齊疏之服(자소지복) - 가장 거친 상복의 일종. 흔히 자최(齊衰)라 부르는데, 《의례(儀禮)》 상복전(喪服傳)에 보이는 '소최상자(疏衰裳齊)'의 준말. '소(疏)'는 거친 천, '최(衰)'는 윗옷(저고리), '상(裳)'은 아래옷(치마), '자(齊)'는 아래옷의 하단(下端)을 가지런히 꿰맨 것. 실제로 삼년상에 입는 가장 거친 상복으로는 하단을 꿰매지 않은 참최(斬衰)가 있으니, 여기서는 이것도 포함되는 뜻으로 받아들여야 할 것이다.

④ 飦粥之食(전죽지식) - '전'과 '죽'이 모두 묽은 죽을 뜻하므로, 묽은 죽 음식.

⑤ 三代(삼대) - 하(夏) · 은(殷) · 주(周)의 세 왕조(王朝)를 가리킴.

해의 맹자가 증자의 말을 인용하며 삼년상의 뜻을 강조한 말이다.

7. 백성들의 부모라는 사람이 백성들로 하여금 한 서린 눈으로 바라보면서, 1년 내내 부지런히 움직여도 그의 부모조차도 부양할 수가 없게 하며, 또 이자를 물며 빌리어 정해진 세금을 내게 함으로써, 노인과 어린아이들은 도랑이나 골짜기에 굴러떨어져 죽게 한다면, 어찌 백성들 부모가 될 자격이 있다 하겠습니까?

원문 위 민 부 모　 사 민 혜 혜 연　 장 종 세 근
爲民父母하여, 使民盻盻然①하며, 將終歲勤

동　 부득이양기부모　 우칭대 이익 지
動하되, 不得以養其父母하고, 又稱貸②而益之하

사 로 치　 전 호 구 학　 오 재 기 위 민 부 모 야
여, 使老稚로, 轉乎丘壑이면, 惡在其爲民父母也오?

* 등문공(滕文公) 상(上)

주　① 盻盻然(혜혜연)－한이 서린 눈으로 바라보는 모양.
② 稱貸(칭대)－이자를 치르며 남에게서 빌리는 것.

해의 백성을 다스리는 임금은 백성들의 부모나 같은 사
람이니 백성들로 하여금 그들의 부모를 잘 부양할 수
있도록 해주어야 한다는 것이다.

8. 시체를 흙으로 덮는 것이 진실로 옳았다면, 효자
나 어진 사람들이 그의 어버이 시신을 흙으로 덮는 데
에도 반드시 올바른 방법이 있을 것이오.

원문 엄　 지 성 시 야　 즉 효 자 인 인 지 엄 기 친　 역
掩①之誠是也면, 則孝子仁人之掩其親이, 亦

필 유 도 의
必有道矣니라.　　　　* 등문공(滕文公) 상(上)

주　① 掩(엄)－흙으로 시체를 덮는 것.

해의 장례에도 올바른 도가 있음을 강조한 말이다.

9. 남자아이가 태어나면 그를 장가보내 주려 하고, 여자아이가 태어나면 그를 시집보내려 하는 것은, 부모의 마음이니 사람이라면 모두 그런 마음을 갖고 있을 거요. 그러나 부모의 허락도 받지 않고 중매쟁이의 말도 없이, 담에 구멍을 뚫고 서로 들여다보며 뜻을 통하고, 담을 뛰어넘어가 서로 만나고 한다면, 부모나 나라 사람들 모두가 그들을 천히 여길 것이오.

원문 丈夫生而願爲之有室①하며, 女子生而願爲之有家②는, 父母之心이라, 人皆有之니라. 不待父母之命과, 媒約之言하고, 鑽穴隙③相窺하며, 踰牆④相從하면, 則父母國人이, 皆賤之하나니라.

＊ 등문공(滕文公) 하(下)

주 ① 有室(유실)－처가 있는 것, 곧 장가드는 것.
② 有家(유가)－시집가는 것.
③ 鑽穴隙(찬혈극)－담이나 벽에 구멍을 뚫고 남녀가 내통하는 것.

④ 踰牆(유장)-담을 뛰어 넘어가는 것.

해의 남녀는 반드시 부모의 허락을 받고 결혼하는 것이
효도라는 가르침이다.

10. 집에 들어가서는 효도를 행하고 밖에 나와서는
어른을 잘 공경한다.

입 즉 효   출 즉 제
원문 **入則孝**하고, **出則悌**니라.

* 등문공(滕文公) 하(下)

해의 앞의 《논어》 학이(學而)편 공자의 말 가운데에도
이미 보였던 말이다.

11. 그렇게 되면 비록 효자와 자애로운 자손들이 나
온다 하더라도 영원히 고칠 수가 없는 것이다.

수 효 자 자 손   백 세 불 능 개 야
원문 **雖孝子慈孫**이라도, **百世不能改也**니라.

* 이루(離婁) 상(上)

해의 한번 포악한 정치로 세상을 망쳐 놓으면 효자들이
쏟아져 나온다 하더라도 어지러운 세상이 바로잡히기

는 어렵다는 말이다. 포악한 정치의 해를 강조한 말이다.

12. 친구들의 신용을 얻는 데에도 도리가 있으니, 부모님을 섬기어 그분들을 기쁘게 해드리지 못하면, 친구들의 신용을 얻지 못한다. 부모님을 기쁘게 해드리는 데에도 도리가 있으니, 자신을 반성하여 성실하지 않으면 부모님을 기쁘게 해드리지 못한다.

원문
　　　신 어 우 유 도　　　　　사 친 불 열　　　　불 신 어 우
信於友有道하니, 事親弗悦이면, 弗信於友

　의　　　　열 친 유 도　　　반 신 불 성　　　불 열 어 친
矣니라. 悦親有道하니, 反身不誠이면, 不悦於親

　의
矣니라.　　　　　　　　　　　　　＊ 이루(離婁) 상(上)

해의　우선 자신이 성실해야만 효도를 다하여 부모님을 기쁘게 해드릴 수가 있고, 효를 행하여야만 친구들 사이에 신의도 얻게 된다는 것이다.

13. 섬기는 데 있어서는 무엇이 가장 큰 일인가? 부모를 섬기는 일이 가장 큰 일이다. 지키는 데 있어서는 무엇이 가장 큰 일인가? 자기 몸을 올바로 지키는 일

이 가장 큰 일이다. 자기 몸의 올바름을 잃지 않고, 그의 부모를 잘 섬긴 사람이 있다는 말을 나는 들어본 일이 있으나, 자기 몸의 올바름을 잃고서도, 그의 부모를 잘 섬긴 사람이 있다는 말을 나는 들어본 일이 없다. 그 누가 섬기는 일을 하지 않을 수 있겠는가? 그러나 부모를 섬기는 일은 섬김의 근본이 되는 것이다.

원문
사숙위대 　사친위대 　수 숙위대
事孰爲大오? 事親爲大나라. 守①孰爲大오?

수신위대 　불실기신 　이능사기친자 　오
守身爲大나라. 不失其身, 而能事其親者는, 吾

문지의 　실기신 　이능사기친자 　오미지문야
聞之矣나, 失其身, 而能事其親者는, 吾未之聞也

숙불위사 　사친 　사지본야
니라. 孰不爲事리오? 事親이, 事之本也니라.

* 이루(離婁) 상(上)

주 ① 守(수)—올바로 잘 지키는 것.

해의 부모를 잘 섬기는 효가 모든 일 중에서 가장 중대한 일임을 강조하고 있다.

14. 불효에는 세 가지가 있는데, 후손이 없는 것이 가장 크다. 순(舜)임금은 부모에게 아뢰지 않고 장가를

들었는데, 그것은 후손이 없었기 때문이다. 군자들은
아린 것과 다름없는 일이라 여기고 있다.

<원문> 　　불 효 유 삼　　　　무 후 위 대　　　순 불 고 이 취
　　　不孝有三①하니, 無後爲大니라. 舜不告而娶②

　　위 무 후 야　　　군 자 이 위 유 고 야
는, 爲無後也니라. 君子以爲猶告也라 하니라.

　　　　　　　　　　　　　　　* 이루(離婁) 상(上)

<주>　① 不孝有三(불효유삼)－불효에는 세 가지가 있다. 조
　　　기(趙岐)는 〈맹자주〉에서 첫째, 부모의 뜻에 무조
　　　건 따라 부모를 불의에 빠지게 하는 것, 둘째, 집안
　　　이 가난하고 부모는 연로하신데도 벼슬하지 않는
　　　것, 셋째, 장가를 들지 않아 자식이 없어 조상의 제
　　　사가 끊기게 하는 것 등 세 가지를 들고 있다. 근
　　　거는 알 수 없다.
　　② 舜不告而娶(순불고이취)－순이 부모에게 아뢰지 않
　　　고 장가들다. 요(堯)임금이 자기의 두 딸 아황(娥
　　　皇)과 여영(女英)을 순에게 하가(下嫁)시켰을 때,
　　　순의 아버지 고수(瞽瞍)는 완악(頑惡)해서 미리 고
　　　하면 허락하지 않을 것을 알고 후손이 걱정되어 먼
　　　저 장가든 뒤에 아뢰었다 한다.

<해의>　후손이 없는 것은 큰 불효이다. 따라서 후손을 두
　　기 위해서는 임기응변하는 행위를 해도 무관하다는
　　것이다. 시대의 변화를 느끼게 한다.

15. 인(仁)에 있어서 절실한 것은 어버이를 섬기는 일이요, 의(義)에 있어서 절실한 것은 형을 따르는 일이다.

> 인지실　　사친시야　　의지실　　종형시야
> **원문** 仁之實은, 事親是也요, 義之實은, 從兄是也
> 니라.　　　　　　　　　　　　　　* 이루(離婁) 상(上)

> **해의** '실'은 '실질적인 것'으로 풀이해도 좋다. 여하튼 부모를 섬기는 일이 인(仁)의 바탕이 된다는 것이다.

16. 부모의 마음에 들지 못하면 사람 노릇을 할 수가 없게 되고, 부모를 따르지 않는다면 아들 노릇을 할 수가 없게 된다. 순임금은 부모를 섬기는 도리를 다하여 아버지 고수(瞽瞍)를 기뻐하도록 만들었고, 고수가 기뻐하게 되자 천하가 교화되었고, 고수가 기뻐하게 되자 천하의 부자관계가 안정되었다. 이것을 일컬어 위대한 효도라고 하는 것이다.

> 　　부득호친　　　　　불가이위인　　　　불순호친
> **원문** 不得乎親①이면, 不可以爲人이오, 不順乎親이
>
> 　　불가이위자　　　　순진사친지도　　　이고수
> 면, 不可以爲子이니라. 舜盡事親之道하여, 而瞽瞍②
>
> 저예　　　　고수저예　이천하화　　　고수저예
> 底豫③하고, 瞽瞍底豫, 而天下化하고, 瞽瞍底豫,

이 천 하 지 위 부 자 자 정　　　차 지 위 대 효
而天下之爲父子者定하니라. **此之謂大孝**니라.

＊ 이루(離婁) 상(上)

(주) ① 得乎親(득호친)－부모의 뜻에 맞다, 부모 마음에
　　　들다.
　　② 瞽瞍(고수)－순임금의 아버지. 매우 완고하고 어리
　　　석었음. 앞 14번에도 보임.
　　③ 底豫(저예)－기뻐하게 되다. '저'는 이르다, 치(致)
　　　의 뜻, '예'는 기뻐하다, 좋아하다.

(해의)　순임금의 지극한 효를 칭송한 글이다. 순임금은
오직 성의를 다하여 효를 실천하며, 남의 움직임이나
반응 따위엔 관심이 없었다. 완악(頑惡)하기로 유명했
던 자기 아버지에게 효성을 다하여, 자기 아버지를 기
뻐하게 만들었을 뿐만 아니라, 결국은 온 세상이 귀복
(歸服)하도록 교화시켰다.

17. 공도자가 말하였다. "광장(匡章)은 온 나라에서
모두가 불효하다고 말하는데, 선생님께서는 그와 교유
를 하시며 또 매우 예우를 해주고 계십니다. 감히 무슨
까닭인가 여쭙고자 합니다."
　맹자가 말하였다. "세속에서 말하는 불효에는 다섯
가지가 있다. 그의 사지(四肢)를 게을리 움직이며 부모

님 부양하는 일은 돌보지 않는 것이 첫째 불효이다. 노름과 바둑 따위를 하고 술 마시기를 좋아하면서 부모님 부양하는 일은 돌보지 않는 것이 둘째 불효이다. 재물을 좋아하고 처자만을 사사로이 잘 돌보면서 부모님 부양하는 일은 돌보지 않는 것이 셋째 불효이다. 귀와 눈의 욕망을 추구하는 나머지 부모를 욕되게 하는 것이 넷째 불효이다. 용맹스러움을 좋아하여 남과 싸우고 모질게 굴어 부모님까지 위태롭게 하는 것이 다섯째 불효이다. 광장에게야 이 중에 한 가지라도 해당되는 것이 있더냐?

광장은 자식과 아비가 서로 선한 행위를 놓고 책하다가 서로 뜻이 맞지 않아 그렇게 된 것이다. 선한 행위를 책하는 것은 친구 사이에나 할 도리인 것이다. 부자 사이에 선한 행동을 책하는 것은 둘 사이의 은애(恩愛)를 크게 해치게 되는 것이다. 광장이라고 해서 어찌 부부와 모자(母子) 같은 가족관계를 갖기 바라지 않았겠느냐? 아버지에게 죄를 진 셈이었기 때문에 가까이 모실 수 없게 되자, 자기 처도 내보내고 자식들도 물리쳐서, 평생토록 자신도 부양을 받지 않았던 것이지. 그의 마음가짐으로는 이렇게라도 하지 않는다면 그것은 곧 죄를 크게 짓게 되는 것이라 여겼던 것이야. 이런 사람이 광장인 것이다."

원문 　　　공도자　왈　　광장　　　　통국　개칭불효언
公都子①**曰：匡章**②**은, 通國**③**皆稱不孝焉**이

　　　　부자여지유　　　　우종이예모　지　　　　　　감
어늘, **夫子與之遊**하시고, **又從而禮貌**④**之**하시니, **敢**

문하야
問何也니이까?

　　　맹자왈　　세속소위불효자오　　　　타기사지
孟子曰：世俗所謂不孝者五라. **惰其四支**⑤하

　　　불고부모지양　　　일불효야　　　박혁　호음주
여, **不顧父母之養**이, **一不孝也**니라. **博奕**⑥**好飮酒**

　　　불고부모지양　　이불효야　　　호화재　　사
하여, **不顧父母之養**이, **二不孝也**니라. **好貨財**하며 **私**

　처자　　　불고부모지양　　삼불효야　　　종이목
妻子하여, **不顧父母之養**이, **三不孝也**니라. **從耳目**

　지욕　　　이위부모륙　　사불효야　　　호용투
之欲하여, **以爲父母戮**⑦이, **四不孝也**니라. **好勇鬪**

　흔⑧　　　이위부모　　오불효야　　　장자유일어
很⑧하여, **以危父母**이, **五不孝也**니라. **章子有一於**

시호
是乎아?

　　　부장자　　자부책선　　　이불상우⑩야
夫章子는, **子父責善**⑨하여, **而不相遇**⑩**也**니라.

　책선　붕우지도야　　　부자책선　적은⑪　지대
責善은, **朋友之道也**니라. **父子責善**이, **賊恩**⑪**之大**

자　　　부장자　　기 불 욕 유 부 처 자 모 지 속 재
者니라. 夫章子는, 豈不欲有夫妻子母之屬哉리오?

위 득 죄 어 부　　　부 득 근　　　출 처 병 자⑫　　　종
爲得罪於父하여, 不得近하니, 出妻屛子⑫하여, 終

신 불 양 언　　　기 설 심⑬　　이 위 불 약 시　　시 즉
身不養焉이니라. 其設心⑬에 以爲不若是면, 是則

죄 지 대 자　　　　시 즉 장 자 이 의
罪之大者라 하니라. 是則章子已矣니라.

＊이루(離婁) 하(下)

주

① 公都子(공도자)－맹자의 제자.

② 匡章(광장)－제(齊)나라 사람. 성이 '광'이고 이름
　이 '장'인 듯한데, 뒤에 맹자가 그를 '장자(章子)'라
　부르고 있는 것은 이상하다. '장자'가 그의 자(字)
　인 듯도 하다.

③ 通國(통국)－온 나라, 전국.

④ 禮貌(예모)－예모를 갖추어 상대하다, 곧 예우하다.

⑤ 四支(사지)－사지(四肢), 손과 발, 몸.

⑥ 博奕(박혁)－노름과 장기 바둑 같은 놀이.

⑦ 戮(륙)－수치스럽게 하다, 부끄럽게 하다.

⑧ 鬪很(투흔)－남과 싸우고, 성을 내며 남에게 모질
　게 구는 것.

⑨ 責善(책선)－선한 행동을 책하다.

⑩ 不相遇(불상우)－서로 의견이 들어맞지 않다.

⑪ 賊恩(적은)－아버지와 아들 사이의 은애(恩愛)를
　해치는 것.

⑫ 屛子(병자)—자식을 물리쳐 멀리하는 것. 광장은 자기 아버지와 관계가 소원해지자 자기는 처와 자식들을 거느리고 홀로 행복하게 살 수 없다 하여, 처자들을 떠나 홀로 외롭게 살며 스스로 죄값을 치르려고 했던 것이다.

⑬ 設心(설심)—마음가짐, 결심.

해의 좋은 일을 두고라도 자기 아버지와 논쟁을 벌여 사이가 소원해졌다는 것은 지금의 기준으로 보면 문제가 있다. 그러나 적어도 광장이 근본은 불효자가 아니라는 사실만은 증명이 되었다고 할 수 있다. 맹자는 자기 아버지 때문에 처자도 멀리하고 홀로 외로이 사는 광장을 동정하여 교유를 했던 것인지도 모른다.

18. 공명고의 생각으로는 효자의 마음은 그처럼 근심이 없는 것이 아니라고 여겼던 것일세. '나는 힘을 다해 밭을 갈아 자식으로서의 직책을 다할 따름이다. 부모님께서 나를 사랑하지 않는 것은 내게 무슨 잘못이 있어서일까?'라며 근심했다는 것이다.

원문 夫公明高①는, 以孝子之心이, 爲不若是恝②니라. 我竭力耕田하여, 共③爲子職而已矣니라. 父母

지 불 아 애   어 아 하 재
之不我愛는, **於我何哉**오 하니라. * 만장(萬章) 상(上)

주 ① 公明高(공명고)—증자(曾子)의 제자 이름.
② 怒(개)—근심이 없는 모양.
③ 共(공)—바치다, 공(供).

해의 공명고의 말을 빌어 효자는 효성을 다하는 데도 부모가 자신을 사랑하지 않는다면 여전히 자신을 반성해야 한다는 것이다.

19. 사람들이 그를 좋아하고 호색을 누리고 부귀를 누려도 걱정을 풀 수가 없었다는 것일세. 오직 부모의 사랑을 받는 것만이 걱정을 풀 수가 있는 방법이었지. 사람들은 젊었을 적에는 부모님을 흠모하지만, 호색을 알게 되면 곧 젊은 미인을 흠모하게 되고, 처자를 갖게 되면 처자를 흠모하게 되고, 벼슬을 하게 되면 임금을 흠모하게 되며, 임금의 신임을 얻지 못하면 곧 신임을 얻으려 열중하게 되는 걸세. 위대한 효도란 평생을 두고 부모님을 흠모하는 것이야. 50세가 되어서도 부모님을 흠모하는 경우는 나는 위대한 순임금에게서만 볼 수 있는 일이었네.

인 열 지   호 색   부 귀   무 족 이 해 우 자
원문 **人悅之**와, **好色**과 **富貴**는, **無足以解憂者**니라.

^{유 순} ^{어 부 모}　　^{가 이 해 우}　　　^{인 소 즉 모 부 모}
惟順^①於父母이, 可以解憂니라. 人少則慕父母라

　　^{지 호 색}　　　^{즉 모 소 애}　　　^{유 처 자}　　^{즉 모}
가, 知好色이면, 則慕少艾^②하고, 有妻子면, 則慕

　^{처 자}　　^사　　^{즉 모 군}　　^{부 득 어 군}　　　^{즉 열}
妻子하고, 仕면, 則慕君하고, 不得於君하면, 則熱

　^중　　　　^{대 효}　　^{종 신 모 부 모}　　　　^{오 십 이 모}
中^③하니라. 大孝는, 終身慕父母하니라. 五十而慕

　^자　　^{여 어 대 순 견 지 의}
者는, 予於大舜見之矣로다.

* 만장(萬章) 상(上)

주　① 順(순)－사이가 순조로운 것, 부모의 사랑을 받는 것.
　② 少艾(소애)－젊은 미인. '애'는 미호(美好)의 뜻(趙
　　岐・朱子).
　③ 熱中(열중)－속이 타다, 임금의 신임을 얻으려 열
　　중하는 것.

해의　순임금의 경우를 들어 효가 가장 위대한 윤리임을
　강조하고 있다.

20. 효자로서의 극치로는 어버이를 존중하는 것보다
더 위대한 것이 없고, 어버이를 존중하는 극치로는 천
하를 가지고 부양하는 것보다 더 위대한 것이란 없는
것일세. 천자의 아버지가 된다는 것은 존중함의 극치

이고, 천하를 가지고 부양한다는 것은 부양의 극치이지.《시경》에 "영영토록 효도를 다하노니, 효도야말로 천하의 법도일세."라고 읊은 것도, 그것을 말한 것이네.

원문

효자지지　　막대호존친　　존친지지
孝子之至는, 莫大乎尊親이요, 尊親之至는,

막대호이천하양　　위천자부　　존지지야
莫大乎以天下養이니라. 爲天子父는, 尊之至也요,

이천하양　　양지지야　　시　왈　영언　효사
以天下養은, 養之至也니라. 詩①曰：永言②孝思

효사유칙　　차지위야
라, 孝思維則③이라 하니, 此之謂也니라.

* 만장(萬章) 상(上)

주

① 詩(시)─《시경》 대아(大雅) 하무(下武)편에 보이는 구절.

② 言(언)─'사(思)'와 함께 조사.

③ 維則(유칙)─천하의 법칙. '유'를 조사로 보아도 됨.

해의 천자로서 효도를 다한 순임금을 칭송한 글이다.

21. 요 · 순의 도는 효도와 공경일 따름입니다.

원문

요순지도　　효제이이의
堯舜之道는, 孝悌而已矣니라.

* 고자(告子) 하(下)

해의　《효경》제8장 효치(孝治)에서 "옛날의 명철한 임금은 〈효〉로써 천하를 다스렸다." 하였다. 요임금과 순임금의 덕치(德治)도 실은 〈효〉를 바탕으로 하여 이루어졌다는 뜻이다.

22. 〈소변〉 시에서 원망을 드러내고 있는 것은 부모를 제대로 부모로 모시기 때문일세. 부모를 제대로 부모로 모시는 것은 인(仁)일세.

원문　小弁^①之怨은, 親親^②也니라. 親親은, 仁也니라.

＊ 고자(告子) 하(下)

주　① 小弁(소변)－《시경》소아(小雅) 중의 시. 〈모시서(毛詩序)〉에는 "주(周)나라 유왕(幽王) 때에 신후(申后)가 낳은 의구(宜臼)가 태자였는데, 뒤에 유왕이 포사(褒姒)에게 빠져 그가 낳은 백복(伯服)을 다시 태자로 삼으려 하였다. 이에 의구의 태부(太傅)가 의구의 애통한 감정을 노래한 것이 이 시이다."고 하였다. 〈소변〉 시에서 태자 의구가 아버지의 그릇된 생각을 애통해하고 있는 것이 바로 "부모를 제대로 부모로 모시는 것"이라는 것이다.
② 親親(친친)－부모님을 부모로 제대로 잘 모시는 것.

해의　앞에서 보인 것처럼《논어》에서도 "효도와 공경이

란 것은 인을 이룩하는 근본이다.(孝弟也者는, 其爲仁
之本與인저.)"라고 강조하고 있다. 여기서는《시경》의
시의 해설을 통하여 〈효〉를 설명하고 있다.

23. 관계가 더욱 소원해지게 하는 것도 불효요, 관계
가 평온할 수 없게 하는 것도 불효일세. 공자께서 말씀
하시기를 "순임금은 지극한 효성의 사람이시다. 50세
가 되어서도 부모님을 흠모하셨다."고 하셨네.

> 유소 불효야 불가기 역불효야
> **원문** 愈疏도, 不孝也요, 不可磯①도, 亦不孝也니라.
> 공자왈 순 기지효의 오십이모
> 孔子曰 : 舜은 其至孝矣인저. 五十而慕라 하니라!
>
> * 고자(告子) 하(下)

주 ① 不可磯(불가기)—'기'를 격(激 : 趙岐) 또는 수격석
(水激石 : 朱子) 등으로 풀이하나, 초순(焦循)이
'평(平)'의 뜻으로 본 게 가장 합리적인 듯하다. 따
라서 '평온하게 지내지 못하게 하는 것'을 뜻한다.

해의 효를 행하려면 부모님과 소원해서도 안되고, 부
모님을 평온치 못하게 해드려도 안된다는 것이다.
공자는 순임금이 50세에도 부모님을 흠모하여 부모
님과 소원치 않았고, 부모님을 평온하게 해드렸다고

하였다.

24. 제1조 ; 불효자는 처형하고, 정해진 세자(世子)는 바꾸지 아니한다.

원문 初命^①曰 : 誅不孝하며, 無易樹子^②하니라.

　　　　　　　　　　　　　　　　　* 고자(告子) 하(下)

주 ① 命(명)－사명(辭命), 맹약의 조항. 따라서 '초명(初命)'은 제1조.

② 樹子(수자)－정해진 후계자, 곧 정해진 세자(世子).

해의 이는 오패(五覇) 중의 한 사람인 제(齊)나라 환공(桓公)이 제후들 앞에서 맹세하는 말이다.

25. 어린아이라 하더라도 그의 어버이를 사랑할 줄 모르는 아이는 없다. 그가 자란 뒤에는 그의 형을 공경할 줄 모르는 사람은 없다. 어버이를 친근히 하는 것은 인이며, 어른을 공경하는 것은 의이다.

원문 孩提之童^①도, 無不知愛其親이니라. 及其長也하여는, 無不知敬其兄也니라. 親親^②은 仁也요,

경 장　　의 야
敬長은 **義也**니라.

* 진심(盡心) 상(上)

주 ① 孩提之童(해제지동)-'해'는 웃을 줄 아는 것, '제'
는 안아주는 것. 곧 막 웃을 줄 알고 안아주어야만
하는 2, 3세의 어린아이.
② 親親(친친)-어버이를 친근히 하는 것.

해의 효제(孝悌)가 바로 인의(仁義)라는 것이다. 앞 22
의 〈소변〉 시의 해설도 참조하면 좋을 것이다.

26. 나라의 자제(子弟)들이 그를 따라 공부하면, 효
제(孝悌)와 충신(忠信)의 덕을 갖추게 된다.

기 자 제 종 지　　즉 효 제 충 신
원문 **其子弟從之**면, **則孝弟忠信**하나니라.

* 진심(盡心) 상(上)

해의 여기에서 따라서 공부할 때의 '그'란 군자를 가리
킨다.

27. 그에게 효제(孝悌)의 윤리를 가르쳐 주면 그뿐
이다.

원문
역 교 지 효 제 이 기 의
亦敎之孝悌而已矣니라.   * 진심(盡心) 상(上)

해의 이것은 맹자가 부모의 상을 1년만 치르려는 사람
을 두고 한 말이다.

색 인

新完譯　**孝　經**

初 版 發 行 ● 2006年　　1月　　10日
2 刷 發 行 ● 2012年　　11月　　15日

譯　者 ● 金　學　主
發行者 ● 金　東　求

發行處 ● 明　文　堂(1923. 10. 1 창립)
　　　　서울특별시 종로구 안국동 17~8
　　　　우체국　010579-01-000682
　　　　전화　(영) 733-3039, 734-4798
　　　　　　　(편) 733-4748
　　　　FAX 734-9209
　　　　Homepage www.myungmundang.net
　　　　E-mail mmdbook1@kornet.net
　　　　등록　1977. 11. 19. 제1~148호

● 낙장 및 파본은 교환해 드립니다.
● 불허복제

정가 10,000원
ISBN 89-7270-799-6 94140
ISBN 89-7270-052-5 (세트)

명문당 신간 우수학술도서

新選明文東洋古典大系

明文堂은 傳統과 創意와 誠實을 바탕으로
여러분의 곁에 있습니다.

- ●改訂增補版 新完譯 **論語**
  張基槿 譯著 신국판 값 20,000원

- ●新完譯 한글판 **論語**
  張基槿 譯著 신국판 값 12,000원

- ●改訂增補版 新完譯 **孟子** (上·下)
  車柱環 譯著 신국판 값 각 15,000원

- ●新完譯 한글판 **孟子**
  車柱環 譯著 신국판 값 각 15,000원

- ●改訂增補版 新完譯 **詩經**
  金學主 譯著 신국판 값 18,000원

- ●改訂增補版 新完譯 **書經**
  金學主 譯著 신국판 값 15,000원

- ●改訂增補版 新完譯 **禮記** (上·中·下)
  李相玉 譯著 신국판 값 각 15,000원

- ●新譯 **東洋 三國의 名漢詩選**
  安吉煥 編著 신국판 값 15,000원

- ●新完譯 **墨子**(上·下) (사)한국출판인회의 제29차
  金學主 譯著 신국판 값 각 15,000원 이달의 책 인문분야 선정도서

- ●改訂版 新完譯 **近思錄**
  朱熹·呂祖謙 編 成元慶 譯 신국판 값 20,000원

- ●新譯 **歐陽修散文選**
  魯長時 譯註 신국판 값 20,000원

- ●新完譯 **大學** - 경제학자가 본 알기 쉬운 대학
  姜秉昌 譯註 신국판 값 7,000원 양장 값 9,000원

- ●新完譯 **中庸** - 경제학자가 본 알기 쉬운 중용
  姜秉昌 譯註 신국판 값 10,000원 양장 값 12,000원

- ●新完譯 **論語** - 경제학자가 본 알기 쉬운 논어
  姜秉昌 譯註 신국판 값 18,000원

- ●新釋 **明心寶鑑**
  張基槿 譯著 신국판 값 15,000원

- ●中國古典漢詩人選❶改訂增補版 新譯 **李太白**
  張基槿 譯著 신국판 값 12,000원, 4×6배판 값 17,000원

- ●中國古典漢詩人選❷改訂增補版 新譯 **陶淵明**
  張基槿 譯著 신국판 값 12,000원, 4×6배판 값 17,000원

- ●中國古典漢詩人選❸改訂增補版 新譯 **白樂天**
  張基槿 譯著 신국판 값 12,000원, 4×6배판 값 17,000원

- ●中國古典漢詩人選❹改訂增補版 新譯 **杜甫**
  張基槿 譯著 신국판 값 12,000원, 4×6배판 값 17,000원

- ●中國古典漢詩人選❺改訂增補版 新譯 **屈原**
  張基槿·河正玉 譯著 신국판 값 12,000원, 4×6배판 값 17,000원

- ●新完譯 **孟子**
  金學主 譯著 신국판 값 20,000원

- ●新完譯 **蒙求**(上·下)
  李民樹 譯 신국판 값 각 15,000원

- ●新完譯 **大學章句大全**
  張基槿 譯註 신국판 값 20,000원 양장 값 25,000원

- ●新完譯 **古文眞寶前集**
  黃堅 編纂 金學主 譯著 신국판 값 20,000원 양장 값 25,000원

- ●新完譯 **古文眞寶後集**
  黃堅 編纂 金學主 譯著 신국판 값 25,000원 양장 값 30,000원

- ●新完譯 **傳習錄**
  金學主 譯著 신국판 값 20,000원 양장 값 25,000원

- ●新完譯 **大學章句新講**
  張基槿 譯註 신국판 값 18,000원 4×6배판 값 23,000원

- ●新完譯 **中庸章句新講**
  張基槿 譯註 신국판 값 20,000원 4×6배판 값 25,000원

- ●**綜合漢文解釋**
  張基槿 著 신국판 값 25,000원

- ●新完譯 **孟子** - 경제학자가 본 알기 쉬운 맹자
  姜秉昌 譯註 신국판 값 25,000원